Armin Krenz

**Schläft der Wind,
wenn er nicht weht?**

Inhalt

Vorwort

Ich kann mich noch genau an unser Wohnzimmer erinnern, in dem ich mich als Vierjähriger aus einem bestimmten Grund gerne aufgehalten habe: Voller Faszination saß oder kniete ich vor dem Radio und konnte es einfach nicht fassen, wie aus diesem schwarzen Kasten mit den Drehknöpfen an der linken und rechten Seite, mit den Buchstaben und Zahlen auf der Glasscheibe und dem roten Zeiger, der sich beim Drehen eines Knopfes bewegte, Musik herauskommen konnte.

Besonders irritierte mich dabei, dass sich bei voller Lautstärke der Stoffbezug oberhalb der Glasscheibe vorwölbte. Das kannte ich nur vom Wind, der zum Beispiel beim Segelboot die aufgezogenen Segel aufbläht. Oder ich kannte es vom Pusten, wenn ich mit großer Anstrengung meine Autos anblies, um sie fortzubewegen. Aber wie kam nun der Wind in das Radio, wo es doch im Wohnzimmer völlig windstill war?

Das Eigenartige an dem schwarzen Kasten war aber vor allem, dass nach einem bestimmten Knopfdruck und dem Drehen an einem der Knöpfe plötzlich Musik ertönte oder eine Stimme zu mir sprach. Meine Bilder waren klar: Da musste – ohne Zweifel – eine vollständige Musikkapelle in dem Kasten sein, Radiosprecher und vielleicht noch andere Leute, die darauf warteten, endlich Musik machen zu können oder zu mir zu sprechen.

9

Aber wie konnten denn so viele Menschen in einem solch kleinen Kasten wohnen? Kamen sie vielleicht beim Anschalten des Radios durch die Schnur angerannt, die in eine Steckdose führte? Das schien mir die richtige Erklärung zu sein, denn immerhin verging ja einige Zeit, bis die Musiker und Sprecher im Radio Platz genommen hatten und dann zu spielen oder zu sprechen begannen.

Immer tiefer tauchte ich in die Gedankenwelt des Funktionierens eines Radios ein, und so beschloss ich, die Männchen zu erwischen. Ich drückte den Schaltknopf an, wartete eine kurze Zeit und zog dann blitzschnell den Stecker aus der Dose, um die Läufer zu fangen. Aber – sehen konnte ich keinen. Waren sie zu schnell oder war ich zu langsam? Immer neue Fragen tauchten auf, und so saß ich stundenlang vor dem Radio und versuchte begierig, Antworten zu finden. Trotz größter Anstrengung, die Musiker und Sprecher beim Laufen zu sehen, wollte es einfach nicht klappen.

Wieder setzte ich mich gespannt vor das Radio. Wenn – wie ich mir klar machte – die kleinen Menschen nun doch nicht aus der Wand durch das Kabel in dieses Radio liefen, sondern ständig darin wohnten, wie konnten sie ohne Essen überleben, wo waren ihre Vorratsschränke, und wo konnten sie sich waschen? Muss(te) es nicht furchtbar sein, immer in dem dunklen Kasten zu warten, bis endlich ein anderer Mensch die Knöpfe bediente und sie damit zu ihrer Aktivität aufforderte?

Ich konnte mir ihre Traurigkeit vorstellen und begann zu ihnen zu sprechen. Dabei bat ich sie, ruhig zu antworten, zumal niemand außer mir im Wohnzimmer sei und ich ganz bestimmt das Geheimnis bewahren würde. Aber nichts tat sich. Erneut dachte ich, sie wollten unentdeckt bleiben. Schämten sie sich vielleicht für ihre äußerst kleine

Körpergröße, oder waren sie so verängstigt, dass sie jetzt ganz still hinter dem Stoffbezug darauf warteten, dass ich endlich gehen würde?

Laut und deutlich verabschiedete ich mich von ihnen, öffnete die Tür und schloss sie recht geräuschvoll, blieb aber im Zimmer. Leise schlich ich mich ans Radio und lauschte gespannt, ob ich nicht doch etwas hören könnte, weil die Männchen ja dachten, ich sei fort. Aber es tat sich gar nichts. Kein Ton, keine Unterhaltung drang nach draußen. Ob die Musiker und Sprecher vielleicht doch durch den Stoffbezug gucken konnten oder mein wildes Herzklopfen gehört hatten?

Schließlich gab ich auf, lief in die Küche und stellte auf das Radio einen kleinen Unterteller mit Wasser und einen anderen mit Kuchenkrümeln. »Wenn ihr wirklich so ängstlich seid«, sagte ich zu den Männchen im Radio, »dann könnt ihr ja rauskommen, euch waschen und etwas essen, wenn niemand mehr im Zimmer ist.« So zog ich ab, und am nächsten Tag schaute ich schnell nach, ob von den Tellern was genommen worden war.

Zu meiner Überraschung waren die Sachen fort. Aufgeregt lief ich zu meiner Mutter, doch bevor ich etwas fragen konnte, meinte sie, ich solle doch bitte nicht im Wohnzimmer spielen. Die Teller auf dem Radio habe sie weggestellt. Voller Entrüstung protestierte ich auf das Heftigste, weil nun mein Experiment nicht mehr zu überprüfen war.

Und außerdem stellte ich mir neue Fragen: Wenn die Männchen nun meine Sachen suchten, die ich ihnen versprochen hatte, und nicht finden konnten, wären sie nicht furchtbar von mir enttäuscht und zögen sich gänzlich zurück? Hatten sie überhaupt noch Lust, für mich Musik zu machen, oder verweigerten sie sich in der Zukunft? Ich eilte ins Wohnzimmer, betätigte das Radio, und nach einer kurzen Wartepause war das bekannte Musikspielen zu hören. Brauchten sie überhaupt meine Wasch- und Essangebote, oder war es nicht eher so, dass sie in der Nacht, wenn ich ganz fest schlief, durch das Kabel in die Wand zu ihrem Zuhause liefen und dort warteten, tranken, speisten und sich wuschen, bis sie ihren nächsten Auftritt in unserem Radio hatten?

Seit dieser Erkenntnis beharrte ich darauf, dass auch bei Gewitter das Radiokabel im Stecker blieb, damit sie sich – ähnlich wie wir – in die Wand zurückziehen konnten. Meinem Vater war ich dabei besonders dankbar, der darauf bestand, bei Blitz und Donner alle Geräte auszuschalten. Er wusste wohl so gut wie ich, dass jeder Mensch – wie groß oder klein er auch sei – das Recht hatte, sich zu Hause aufzuhalten und dabei Sicherheit zu spüren.

Auch wenn dieses Beispiel über 40 Jahre zurückliegt und sicherlich mit der heutigen Technik und den damit verbundenen Fragen eines Kindes nur bedingt zu vergleichen ist, so ist doch eines bedeutsam: Kinder sind auf der ständigen Suche nach Antworten, weil sie Stück für Stück versuchen, ihre Welt um sie herum zu verstehen. Immer steht dabei eine besondere Erkenntnis im Vordergrund, dass nämlich, wenn es ein »Warum?« gibt, auch ein »Darum« existieren muss. So geht es mit Hunderten, ja Tausenden von Kinderfragen, die nach einer Erklärung suchen.

● »Wenn Blumen ihre Köpfe hängen lassen, sind sie dann traurig, und warum hilft es dann nicht, wenn ich sie tröste, sondern einzig und allein Wasser, damit sie wieder fröhlich sind und sich aufrichten?«

- »Wieso wissen die Bäume und Sträucher, dass es Frühling ist und sie dann ihre Blätter wachsen lassen müssen?«
- »Woher weiß Gott, dass ich jetzt das und das gemacht habe, wo er doch gleichzeitig bei ganz vielen Menschen sein muss, um alles mitzubekommen? Sind seine Engel seine Dienerinnen, die ihm alles sagen, und wenn sie mit ihm sprechen, wer ist denn dann in diesem Augenblick bei den Kindern?«
- »Woher weiß ich, dass ich am nächsten Morgen auch wirklich aufwache und mich niemand vergisst?«
- »Wieso weiß der Apfelbaum, dass er Äpfel tragen muss, und wieso hat er nicht plötzlich Kirschen oder Pflaumen an seinen Ästen?«
- »Woher weiß eine Spinne, wie man solche schönen Netze baut, und was denkt sie, wenn ein Sturm oder Kinder ihre Netze zerstören?«
- »Wieso wissen Mama oder Papa so genau, dass, wenn es in meinem Spielzimmer ganz ruhig ist, ich etwas mache, was ich nicht soll oder darf, und sie dann ins Zimmer schauen?«
- »Woher bekommt Opa sein Essen, wenn er gestorben ist und im Grab liegt?«
- »Wie konnten es meine Eltern wissen, dass sie gerade mich als ihr Kind bekommen haben und kein anderes Baby ihr Kind wurde?«

Das sind Fragen, die für Kinder von einer ganz grundlegenden Bedeutung sein können. Denn sie versuchen, Sinn und Erklärungen zu finden.

Dieses Buch möchte Erwachsenen dabei helfen, Kinderfragen zu verstehen, um aus einem Verständnis heraus mit Kindern nach gemeinsamen Antworten zu suchen. Dabei geht es nicht um »sachlogische« Antworten. Denn Kinderfragen umfassen häufig eine ganze Welt, die uns Erwachsenen nicht selten verborgen zu sein scheint. Für Kinder sind viele Fragen regelrechte ungelöste Weltenrätsel, die darauf warten, gelöst zu werden. Wir Erwachsene haben sehr schnell »selbstverständliche Antworten« parat und begreifen nicht tief genug, was sich hinter Kinderfragen verbirgt. Das Buch ist damit eine Einladung an alle interessierten Erwachsenen, mit Kindern in die Tiefe von Bedeutungsinhalten der Fragen einzutauchen.

Kinderfragen – warum sie gestellt und beantwortet werden wollen

»Wieso darf Stephanie länger aufbleiben als ich?«

»Wieso darf Stephanie länger aufbleiben als ich, und wieso darf sie noch im Bett länger lesen als ich?«

Anna ist viereinhalb Jahre alt und stellt sich bei ihrer Frage selbstbewusst vor die Eltern. Sie hat dabei ihre Hände fest in die Seiten gestemmt und scheint wutentbrannt bereit zu sein, jetzt endlich der Wahrheit auf den Grund zu kommen. In ihr scheint es ordentlich zu arbeiten, denn ihre Augen sprühen geradezu Funken aus, sie kneift sie dabei ab und zu zusammen, ihre Lippen werden schmaler, und voller Neugierde erwartet sie die Antwort ihrer Eltern.

Stephanie ist ihre Schwester, neun Jahre alt, und beide Mädchen teilen sich ein Zimmer. Während Anna ein richtiger »Kraftbolzen« ist und die Welt in Bewegung hält, zieht es ihre Schwester eher vor, ruhiger zu sein, viel zu lesen, mit ihren Puppen zu spielen und mit ihrer festen Freundin auf dem Zimmer zu hocken, um dort die Zeit mit Ruhe und allerlei »leisen Spielen« auszufüllen. Anna ist dagegen kaum auf dem Zimmer zu halten. Sie treibt sich lieber im Garten herum, baut Höhlen, bewegt sich viel und ist auch im Kindergarten kaum zu bändigen, weil sie so voller Ideen ist oder weil sie immer wieder etwas Neues findet, das nun ihr Interesse anzieht. Dasselbe erleben die Eltern zu Hause.

Natürlich versuchen auch heute die Eltern wieder mit Ruhe und Geduld ihrer Tochter Anna zu erklären, warum ihre ältere Schwester aufgrund ihres Alters bestimmte Privilegien hat:»Anna, du weißt, dass Stephanie fünf Jahre älter ist als du. Und ältere Kinder haben das Recht, auch länger aufzubleiben oder im Bett länger zu lesen. Wenn du mal so alt wie deine Schwester bist, dann kannst du auch später ins Bett gehen oder länger Licht im Zimmer anlassen. Aber jetzt, wo du noch jünger bist, geht das einfach nicht.«

Anna ist mit dieser Antwort ganz und gar nicht einverstanden. Lauthals protestiert sie:»Ich finde das einfach ungerecht. Abends bin ich auch nicht müde. Dann kann ich doch auch das Licht an meinem Bett länger anlassen. Ich habe so schöne Bilderbücher. Außerdem will ich nicht mehr klein sein. Das ist doof. Warum kann ich nicht so behandelt werden wie Stephanie?« Mit ihren großen, fragenden Augen guckt sie ganz ernst erneut ihre Eltern an.

Der Vater versucht es noch einmal:»Anna, du bist jünger als deine Schwester. Und jüngere Kinder brauchen mehr Schlaf. Du hast doch genau gehört, was Mama gesagt hat. Sei also jetzt mit der Antwort zufrieden und versteh bitte, dass das so ist.« Anna lässt nicht locker:»Und warum ist das so?« Der Vater wird etwas ungehalten und versucht es nun auf der etwas »medizinischeren« Ebene. »Du weißt doch sicherlich, dass in unserem Kopf alles gesteuert wird. Unsere Gedanken, unsere Bewegungen und auch unser Schlaf. Bei kleineren Kindern wird das Schlafbedürfnis nun einmal anders gesteuert als bei älteren Kindern und uns Erwachsenen. Sicherlich ist dir aufgefallen, dass

Mama und ich immer später ins Bett gehen als du und deine Schwester.«

Anna hört gut zu, doch nach einer kurzen Zeit kontert sie erneut: »Bei mir ist das aber anders. Mein Kopf sagt, dass ich länger aufbleiben kann. Außerdem will ich ja noch die Bilderbücher lesen.« Die Eltern schauen sich an. Sie kennen das, und nun wissen sie genau, dass es in Richtung eines Machtkampfes gehen wird. Dennoch hakt die Mutter ein: »Anna, wir haben es dir doch erklärt. Kleinere Kinder brauchen mehr Schlaf als größere Kinder und als Erwachsene. Und wenn dein Kopf was anderes sagt, dann müssen wir vielleicht zum Arzt gehen und dich untersuchen lassen.«

Anna gibt nicht auf. »Ist man denn krank, wenn man länger aufbleiben will oder wenn man Bilderbücher lesen möchte?« Erneut ergreift der Vater das Wort: »Hör noch einmal zu, Anna. Natürlich ist man dann nicht krank. Aber du brauchst einfach deinen Schlaf, und daher musst du früher ins Bett.«

Nun bricht es aus Anna heraus: »Immer darf Stephanie alles mehr. Immer darf sie länger aufbleiben. Nie darf ich was. Ich finde das ungerecht.« Wutschnaubend rennt sie in ihr Zimmer, schlägt die Tür hinter sich zu und wirft sich auf ihr Bett, um hemmungslos zu weinen. Die Eltern schauen sich an, zucken mit den Schultern und sagen: »Sie wird sich wieder beruhigen. Jetzt hat Anna wieder ihre tollen fünf Minuten, in denen sie mit Gott, der Welt und uns hadert, doch pass mal auf: Nachher ist wieder alles in Ordnung.«

Anna kann nicht begreifen, dass ihre Eltern sie einfach nicht verstehen und ihre Frage nicht beantworten.

- Warum muss sie auch noch so jung sein?
- Warum ist sie nicht schon früher geboren, sodass sie Stephanie geworden ist und ihre Schwester Anna wurde?
- Warum steuert der Kopf so »blöde Dinge« bei ihr und will dafür sorgen, dass sie früher ins Bett gehen muss?
- Warum darf Stephanie immer mehr?
- Warum haben ihre Eltern Stephanie lieber als sie, sagen aber, sie hätten beide Kinder gleich lieb?
- Warum kann sie nicht morgen einfach aufwachen und mindestens neun Jahre alt sein?
- Warum ist das alles so ungerecht, und warum sind die Eltern so böse, dass sie – Anna – jetzt weinen muss?

Anna versteht *ihre* Welt nicht mehr. Dabei hat sie so viele Fragen, auf die sie keine Antwort erhält. Und das, was Mama und Papa sagen, ist sowieso falsch.

(Dieses Beispiel wird im weiteren Verlauf des Buches noch einmal aufgegriffen und es wird genauer erläutert, worum es bei der Frage eigentlich geht.)

Frust statt Lust beim Spiel?

Pia sitzt mit ihren Eltern im Wohnzimmer und spielt »Mensch-ärgere-dich-nicht«. Mit ihren sieben Jahren genießt sie es, abends zusammen mit Mama und Papa die Zeit zu verbringen. Nun ist sie dran mit dem Würfeln, und – schwups – wirft sie ein Hütchen von Papa aus dem Feld. Sie kickt dabei so fest, dass Vaters Spielstein quer durch das Wohnzimmer fliegt und irgendwo unter der Heizung landet.

»Pia, wie oft habe ich dir schon gesagt, dass du die Spielsteine nicht mit so viel Schwung von dem Brett fegen sollst. Wir wollen doch spielen, und dabei muss man auch mit seinem Spielgegner vorsichtiger umgehen, als du es tust. Hol bitte den Spielstein, setze ihn noch einmal auf das Brett und versuche es vorsichtiger und mit weniger Kraft.«

Pia scheint die Aufforderung des Vaters, das Spielsteinchen zu holen, zwar gehört zu haben, doch die eigentliche Bedeutung ist an Pias Ohr vorbeigegangen. Sie wuchtet sich mit einem großen Satz aus dem Stuhl, läuft zur Heizung und holt das Steinchen, knallt es aber voller Elan jetzt wieder auf das Spielfeld, wo die rausgeworfenen Hütchen hingehören. »Pia«, kontert der Vater, »ich glaube, du hast mich nicht verstanden. Setz bitte meinen Spielstein noch einmal auf das Feld, wo er vorher stand. Und wenn du mich ›runterwirfst‹, dann sei vorsichtiger. Schließlich ist das ein Spiel und keine Kampfarena.«

»Papa, was ist eine Kampfarena?«, hakt Pia ein und schaut ihren Vater mit großen Augen an. »Also, hör gut zu, mein Kind.« Langsam und mit wohl dosierten Worten unterstreicht der Vater die ganze Bedeutung seiner Aussage: »Ich meine damit, dass wir miteinander spielen, Spaß haben wollen und nicht gegeneinander kämpfen. Du hast mein Spielsteinchen mit so viel Wucht aus dem Feld geschleudert, dass ich annehmen muss, du freust dich darüber. Und darum geht es in dem Spiel ja nicht. Es geht hier sicherlich um das Gewinnen, aber nicht darum, den Spielpartner zu ärgern. Deswegen heißt das Spiel ja auch ›Mensch-ärgere-dich-nicht‹. Ich möchte Spaß bei dem Spiel haben und du sicherlich auch. Also zügle bitte dein Temperament.«

Pia kontert ein weiteres Mal: »Warum darf ich mich denn nicht freuen, wenn dein Steinchen rausfliegt und ich gewinne? Schließlich ist das doch für mich gut!« Der Vater guckt etwas verlegen zu seiner Frau. »Mach du ihr doch einmal klar, dass sie sich nicht freuen soll, wenn andere einen Nachteil haben. Immer wenn es darum geht, dass jemand anders in unserer Familie Hilfe braucht, dann wird auch geholfen. Wie oft sagen wir, dass ›man‹ sich nicht freuen soll, wenn ein anderer Mensch einen Nachteil hat.«

Währenddessen wippt Pia auf dem Stuhl herum und hört – sichtbar gelangweilt – zu. »Pia, hör jetzt auf, mit dem Stuhl zu wippen, und versuch mal, Papa und mich genau zu verstehen. Ein Spiel ist dazu da, dass man Spaß miteinander erlebt. Und wenn Papa dein Spielsteinchen so rausgeworfen hätte, würdest du schon lange schimpfen. Und außerdem wäre es so, dass du vielleicht schon gar keine Lust mehr hättest, mit uns das Spiel zu Ende zu machen. Also: Freu dich nicht so überschwänglich, wenn einer verliert, sondern freu dich darüber, wenn Papa wieder mit seinem Spielsteinchen ins Spiel kommt.«

Pia kennt diese »Art von Unterhaltung« schon von vielen anderen vergleichbaren Gelegenheiten. Sie kann es nicht verstehen, dass sie sich nicht freuen darf, wenn bei dem Spiel sie selber auf dem Weg des Gewinnens ist. So bleiben ihre Fragen unbeantwortet:

- Warum darf sie nicht mit Wucht das Spielsteinchen aus dem Spielfeld »rauspfeffern«, wo es ihr doch darum geht, zu gewinnen?
- Warum meinen Mama und Papa immer, dass es nicht richtig ist, sich selber zu freuen, wenn man doch offensichtlich einen Spielvorteil hat?
- Warum steht Papa nicht selber auf und holt sein Spielsteinchen aufs Brett zurück, zumal es seine Spielfigur ist?

- Wieso muss man immer mit seinem Spielgegner vorsichtig umgehen und aufpassen, dass er sich nicht ärgert?
- Wieso wird eigentlich immer dann mit ihr ganz ernsthaft diskutiert, wenn es darum geht, dass sie was falsch gemacht hat?
- Und warum heißt das Spiel »Mensch-ärgere-dich-nicht«, wo es doch darum geht, dass Papa sich nicht ärgern sollte?

Pia lebt in einer Familie, in der eine ständige Harmonie im Vordergrund steht und Konflikte sehr häufig nicht ausgetragen werden. Beim »Mensch-ärgere-dich-nicht«-Spiel konnte Pia nun ihren Ärger vergangener Zeiten symbolisch ausdrücken. Besser als das gezeigte Verhalten des Vaters hätte er zum Beispiel sagen können: »Jetzt hast du's mir aber gezeigt. Und im Augenblick bist du besser als ich.«

Antonella und ihre Badehose

Antonella, acht Jahre alt, ist mit ihren Eltern am Strand. Es macht Spaß, ganz nahe am Wasser zu sein, Sandburgen zu bauen, Wasser aus dem Meer zu holen und in die ausgebuddelten Löcher zu gießen, die warme Sonne zu spüren und alles herum zu vergessen. Die Eltern von Antonella liegen in der Nähe und beobachten ihre Tochter. Sie selber fühlen sich hier auch wohl, und die Aussicht, das schöne Wetter noch für ein paar Stunden zu genießen, lässt die Welt in einem rosaroten Licht erscheinen. Tief entspannt und sonnendurchflutet schließen sie die Augen und führen eine leise Unterhaltung miteinander.

Plötzlich schrecken sie auf. Antonellas Stimme kommt ganz aus der Nähe: »Darf ich mit Oliver zu seinen Eltern und ein Eis mitessen?«, schallt es in einer unüberhörbaren Lautstärke zu ihnen herüber. Antonellas Mutter richtet sich auf und ruft ihre Tochter zu sich. Antonella kommt schnell angelaufen, weil sie es eilig hat, zumal Oliver bei den Sandburgen wartet. »Zieh dir aber deine Badehose an«, bittet die Mutter ihre Tochter. Ich möchte nicht, dass du so nackt, wie du bist, mit diesem Jungen zu seinen Eltern gehst.«

Antonella stutzt: »Warum kann ich denn nicht so gehen, und wieso muss ich mir was anziehen? Es ist doch so warm.« Die Mutter antwortet: »Ich will nicht, dass du, ohne etwas anzuziehen, hier am Strand rumläufst. Dafür bist du schon zu alt.«

»Nein, ich will aber nichts anziehen. Außerdem bin ich gar nicht zu alt. Da hinten (und sie zeigt auf andere Kinder) sind auch Kinder, die haben nichts an. Ich will so gehen, wie ich bin.« Unruhig stampft sie mit ihren Füßen in den Sand. »Antonella«, schaltet sich der Vater ein, »du hast gehört, was Mama gesagt hat. Zieh dir was an. Das gehört sich nicht, wenn du nackt woanders hingehst. Vielleicht mögen die Eltern von dem Jungen das auch nicht.«

»Und warum kann ich in eurer Nähe nackt spielen und woanders nicht?«

Die Eltern scheinen die Geduld zu verlieren: »Entweder du ziehst dir jetzt etwas an, oder du bleibst hier.« Mit diesem Satz ist das Machtwort gesprochen. Antonella zieht sich was über und läuft dann zu ihrem neuen Freund Oliver. Während sie am Strand entlanglaufen, meint der Vater: »Wir müssen mit Antonella mal über all das sprechen. Sie ist wirklich noch so naiv und gutgläubig, dass es an der Zeit ist, sie über die Gefahren, denen sie als Mädchen ausgesetzt ist, aufzuklären.« Nachdenklich und ohne weiter miteinander zu reden, legen sich die Eltern wieder auf ihre Strandtücher und lassen ihren Gedanken freien Lauf.

Antonella findet derweil die Badehose doof. Der Sand zwischen Haut und Badehose kratzt ordentlich, und während sie zusammen mit ihrem neuen Freund und seinen Eltern Eis isst, zieht sie sich wieder genüsslich die Badehose aus. Sie setzt sich mit Oliver an den Strand, wo ihnen die leichten Wellen über die Beine und den Po eine ganz angenehme Abkühlung verschaffen. Währenddessen stellt sie sich erneut die Fragen, auf die sie keine Antworten weiß:

- Warum erlauben es ihre Eltern, dass sie einerseits in ihrer Nähe nackt am Strand spielen darf, andererseits an einer anderen Stelle desselben Strandes nur mit Badehose hingehen kann?
- Warum ist sie am Strand in der Nähe ihrer Eltern noch jung genug, nackt zu spielen, und außerhalb der Nähe ihrer Eltern schon zu alt für einen Aufenthalt ohne Badehose?
- Warum sagen die Eltern, dass sie sich was anziehen soll, weil vielleicht die Eltern von Oliver das nicht mögen, wenn sie ohne Badehose zu ihnen kommt, wenn doch Papa und Mama wiederum die Eltern von Oliver gar nicht kennen? Vielleicht würden Olivers Eltern sie ja ohne Badehose genauso gerne sehen wie mit Badehose?
- Warum gehört es sich nicht – was immer das heißt –, nackt am Strand auch außerhalb des Blickfelds der Eltern zu spielen, wo es doch endlich gerade hier im Gegensatz zu anderen Gelegenheiten möglich ist?

- Und warum ist es den Eltern so wichtig, dass sie sich was anzieht und dass sie im Falle der Weigerung erst gar nicht mit Oliver weggehen darf?
- Warum reagieren die Eltern so »anders« bei diesem Kleidungsstück als in vergleichbaren Fällen, wo es zum Beispiel um das Ausziehen einer Jacke oder eines Pullovers geht?

Antonella hat sehr zurückhaltende Eltern, die das Thema Sexualerziehung eher als eine »Aufklärung« verstehen und denen es nicht so leicht fällt, die psycho-sexuelle Entwicklung ihrer Tochter als einen natürlichen Bestandteil des alltäglichen Miteinander-Umgehens zu begreifen. Das Beste wäre gewesen, wenn Antonellas Eltern sie beim Weggehen einfach gefragt hätten, ob sie ihre Badehose anziehen möchte oder nicht. Damit wäre eine kurze Erinnerung an die Tochter ausgesprochen, und sie hätte entscheiden können, wie sie mit ihrem neuen Freund losziehen wolle.

»Woher wissen Pflanzen, dass sie grün werden müssen?«

Moritz steht fasziniert im Garten der Eltern und betrachtet die Bäume und Sträucher, die jetzt im Frühling ihre ersten Blätter austreiben. Alles um ihn herum beginnt grün zu werden, und er kann einfach nicht die für ihn schwierige Frage beantworten, wieso plötzlich alle Pflanzen in seinem Garten, im Kindergarten und an den Straßen, im Wald und im Stadtpark »wissen«, dass es Frühling ist und sie daher grün werden müssen.

»Mama«, fragt also der fünfjährige Moritz, als er ins Haus gelaufen ist und endlich seine Mutter im Wintergarten gefunden hat, »woher wissen eigentlich alle Bäume und Sträucher, dass es jetzt für sie die richtige Zeit ist, grün zu werden?«

Die Mutter schaut aus ihren Unterlagen hoch, in denen sie gerade gearbeitet hat, und meint: »Das ist eine gute Frage. Die Bäume haben eine Art innere Uhr in sich, und wenn es so weit ist, dann gibt es im Baum eine Art Signal, und damit treibt er seine Blätter aus.« Moritz schüttelt ungläubig den Kopf: »Also Mama, das kann nicht sein. Ich habe noch nie einen Baum ticken gehört. Eine Uhr ist da bestimmt nicht drin. Sag mal ganz ehrlich, woher die Bäume und Sträucher das nun wirklich wissen.« Gespannt schaut er seine Mutter an.

»Das ist nun mal die Natur. Ich hab ja auch nicht gesagt, dass in den Pflanzen eine richtige Uhr ist, sondern so eine Art Uhr. Das ist ein Unterschied. Damit meine ich, dass es Gesetze in der Pflanzen- und Tierwelt gibt, und die sind dafür verantwortlich, dass alles klappt. Wenn die Sonne wärmer wird, die Erde eine bestimmte Temperatur erreicht und die Wurzeln dann wieder Wasser aus dem Boden holen können, dann beginnt es in den Bäumen wieder zu leben.«

Stumm und äußerst konzentriert macht sich Moritz seine Gedanken. »Dann kommt Opa vielleicht auch wieder zurück«, gibt er als kurze Antwort, denn für ihn war es vor einem Jahr ganz schlimm, als sein Großvater starb. »Nein, Moritz, das geht nicht«, sagt seine Mutter leise. »Warum denn nicht? Du hast gerade gesagt, dass Bäume im Frühling wieder anfangen zu leben. Also müssen sie vorher tot sein. Und Opa ist auch tot. Vielleicht merkt er jetzt im Frühling, wenn die Erde wärmer wird, dass er auch wieder leben kann.« Die Mutter zeigt ihm daraufhin den Unterschied auf: »So ganz tot sind die Bäume im Winter auch nicht. Aber Opa ist richtig tot.«

Moritz lässt nicht locker: »Im Kindergarten haben wir aber gehört, dass Gott die Natur wachsen lässt. Da haben wir nichts von einer Uhr erzählt bekommen.« Die Mutter sieht sich nun in einem Widerspruch zwischen ihren Aussagen und denen des Kindergartens und stellt daher die Gegenfrage, ob er sich nicht vorstellen könne, wie das Ganze funktioniere. Moritz philosophiert: »Ich stelle mir das Ganze so vor, dass Gott im Frühling auf die Erde kommt und alle Pflanzen berührt. Und die Berührung lässt dann die Pflanzen grün werden. Er muss nur aufpassen, dass er nichts übersieht.«

Moritz hat also eine ganz eigene Einstellung zu dieser Frage, doch im Nachhinein, als er wieder in den Garten geht, steht er vor neuen Fragen:

- Wie schafft es Gott nur, in der Frühlingszeit überall gleichzeitig zu sein und alle Pflanzen auf dieser Welt zu berühren, sodass sie wieder anfangen, Blätter zu entwickeln?
- Woher weiß Gott, dass er auch wirklich alle Bäume und Sträucher mit neuem Leben versehen hat, ohne ein paar Pflanzen zu übersehen und auszulassen?
- Hat er vielleicht eine große Schar von Engeln damit beauftragt, dass sie ihm Arbeit abnehmen und damit die Arbeit verteilt ist?
- Haben die Engel auch die Kraft, die Gott hat, oder muss er wiederum auch diese berühren – wie beim Aufladen einer Batterie –, um seine Macht weiterzugeben?
- Wo ist denn – wenn Mama Recht hat – die Uhr in den Bäumen versteckt?
- Warum hört er nicht das Ticken in den Bäumen, auch wenn er seine Ohren ganz fest an die Baumrinde presst

und es ganz ruhig um ihn herum ist, sodass er ein Ticken hören müsste?

- Wo haben denn die Bäume ihr Thermometer, um zu messen, wie kalt oder warm die Erde ist, um dann genau den Zeitpunkt abzuwarten, wenn es Frühling wird und damit der »Startschuss« fällt?
- Wieso geht Gott nicht zu seinem Opa auf den Friedhof und berührt ihn, sodass er mit neuem Leben wieder nach Hause kommen kann?
- Und warum sind die Bäume im Winter, wenn es kalt ist, nicht richtig tot? Da hat er noch nie ein grünes Blatt an den Pflanzen gesehen. Also müssen sie doch richtig tot sein.

Moritz setzt sich vor den Kirschbaum in seinem Garten und denkt an seinen Großvater, der ihm immer viele Geschichten erzählt hat, mit ihm zum Angeln gefahren ist und der mit ihm ganz lange spielen konnte. Moritz scheint es eher weniger zu interessieren, wie das neue Leben in den Blumen, Sträuchern und Bäumen entsteht. Er empfindet vielmehr Traurigkeit darüber, dass sein heiß geliebter Großvater gestorben ist.

Moritz hätte sich bei der Antwort der Mutter sicherlich besser gefühlt, wenn diese zum Beispiel folgende Antwort gegeben hätte: »Pflanzen gehorchen einem Naturgesetz. Ihr Lebensrhythmus besteht aus einer Ruhezeit im Winter, einer Zeit des Erwachens im Frühling, denn dort wird alles grün. Im Sommer ist ihre volle Lebenszeit, und im Herbst bereiten sie sich auf den Winter vor. Dann verlieren viele Pflanzen ihre Blätter und sehen kahl aus. Menschen werden geboren, leben, und schließlich sterben sie. Auch Opa. Und darüber bist du genauso traurig wie ich. Menschen, die an Gott glauben, sind fest davon überzeugt, dass nach dem Tod ein neues Leben stattfindet. Allerdings nicht auf unserer Erde, sondern im Himmel. Deshalb kann Opa auch nicht ein zweites Mal auf der Erde leben.«

Der teure Rennwagen

Marco ist sechs Jahre alt. Am liebsten geht er nach der Schule zu seinem Freund Andreas, weil er ganz viele Sachen zum Spielen hat. Er freut sich sehr, wenn Andreas auch für ihn Zeit hat und sich mit ihm treffen kann. Gerade in der letzten Woche hat sein Freund ein funkgesteuertes Rennauto von seinen Eltern bekommen, und Marco findet es doof, dass er keines hat. Dann könnten sie Rennen fahren auf der großen Garageneinfahrt vor dem Haus von Andreas' Eltern. So macht das Ganze mit dem einen Auto nicht richtig Spaß. Sie wechseln sich zwar ab, aber zu einem Rennen – das weiß er auch aus dem Fernsehen – gehören immer mehrere Rennwagen.

Am Abend, kurz vor dem Schlafengehen, als ihm seine Eltern den Gutenachtkuss geben wollen, strahlt er Mama und Papa an. »Ihr wisst bestimmt nicht, was ich mir ganz, ganz doll wünsche. Es ist rot, fährt ganz schnell und kann über Funk gelenkt werden.« Die Eltern ahnen schon was. »Es ist ein Rennauto, das du sicherlich bei Andreas gesehen hast. Und nun willst du auch eins haben.«

Marco wirft sich dem Vater an den Hals. »Ja, bitte, das ist mein größter Wunsch, den ich habe. Dann kann ich mit Andreas Rennen fahren.« Der Vater nimmt seinen Sohn lieb in die Arme: »Marco, das geht nicht. Solch ein Rennauto kostet sehr viel Geld. Als wir neulich in dem Spielzeuggeschäft waren, hab ich das gesehen.« Für Marco bricht eine Welt zusammen. »Aber ich möchte doch so gerne eins.«

Die Eltern versuchen ein paar Argumente aufzufahren: »Das ist zu viel Geld. Der Vater von Andreas hat einfach mehr Geld als wir. Wenn wir so reich wie die Eltern von Andreas wären, dann würden wir dir auch sicherlich ein solches Rennauto kaufen. Und da wir das Geld nicht haben, geht es nicht.« Marco ist unglücklich und versucht der Tatsache des Weniger-Geld-Habens auf den Grund zu gehen.

- »Warum haben wir denn weniger Geld als die Eltern von Andreas?« Die Eltern antworten: »Weil seine Eltern mehr Geld verdienen.«
- »Und warum verdienen die Eltern von Andreas mehr?«, kontert Marco. »Ganz einfach«, gibt die Mutter zur Antwort, »weil sie ein Geschäft haben und wir nicht.«
- »Und warum habt ihr kein Geschäft?«, fragt Marco weiter. »Weil wir einen anderen Beruf gelernt haben, wo man nicht so viel Geld verdient.«
- »Und warum kauft ihr dann kein Geschäft?«, fragt Marco, in der Hoffnung, dass damit sein Problem vom Rennauto gelöst werden könnte. »Weil man dazu Geld braucht, und wir haben nicht so viel gespart.«
- »Aber die Sparkasse hat doch Geld, da können wir uns ja was holen«, gibt Marco zurück und glaubt weiterhin, einen Weg gefunden zu haben. »Man kann nicht einfach zu einer Sparkasse gehen und dort ohne weiteres Geld bekommen«, kontert wiederum die Mutter.
- »Und was ist, wenn du, Papa, zu Andreas' Eltern gehst und fragst, ob er dir von seinem Geld was abgibt? Schließlich haben die ganz viel.« »Das will ich nicht«,

antwortet der Vater, »denn auch das müssen wir ja zurückzahlen, wenn Andreas' Vater uns das Geld leiht. Und schenken wird er es uns bestimmt nicht.«

● »Woher weißt du das?«, fragt Marco beständig nach. »Du hast ihn ja noch gar nicht gefragt.«

Der Mutter wird das Ganze jetzt zu viel, und mit einer festen Stimme sagt sie:»Sieh mal, Marco, wir haben dir erklärt, warum das mit dem teuren Rennauto nicht geht. Mach jetzt die Augen zu und träum was Schönes.«

● »Mama, warum sind wir nicht so reich wie Andreas' Eltern«, beginnt er wieder. »Das finde ich ungerecht. Und ein Geschäft zu haben, finde ich gut. Später kaufe ich mir ganz viele Geschäfte. Aber was doof ist, ich hätte das Auto schon jetzt gerne. Könnt ihr mir das Geld nicht vorstrecken und später, wenn ich meine Geschäfte habe und viel Geld verdiene, dann geb ich euch alles zurück.«

● »Nein«, schaltet sich jetzt der Vater ein, »auch wenn ich das Geld hätte, dann wüsste ich nicht, ob ich so viel Geld für ein Spielzeugauto ausgeben würde.«

● »Warum denn dann auch nicht?«, fragt Marco überrascht nach. Der Vater sagt klar und deutlich, was er denkt:»Weil ich das zu viel Geld für ein Spielzeug finde. Damit kann man nützlichere Sachen kaufen.«

● »Aber es nützt mir doch, ein Rennauto zu bekommen«, fleht Marco, »denn schließlich können wir dann Rennen fahren.« Nachdenklich schaut er wieder zu seinen Eltern hoch:»Und warum kauft ihr mir keins?«

Marco ist offensichtlich so sehr von der Idee beseelt, dieses eine Rennauto zu bekommen, dass er kaum merkt, wie die Eltern traurig miteinander Blicke austauschen. Sicherlich würden sie ihm gerne den Wunsch erfüllen, aber seit der Arbeitszeitkürzung im Betrieb des Vaters haben sie andere Sorgen. Was ist, wenn der Betrieb völlig schließt und die ganze Familie dann von Arbeitslosigkeit betroffen ist? Wieso ist es einem Kind, das recht komplikationslos und schon recht vernünftig für sein Alter ist, nicht klar zu machen, dass sie alle mit »dem Pfennig rechnen« müssen?

Marcos Fragen werfen auch bei den Eltern wichtige Fragen auf, die sie im Augenblick nicht klären können. Sie verabschieden sich von ihrem Sohn, schließen leise die Tür des Kinderzimmers und setzen sich ins Wohnzimmer, ohne miteinander zu reden.

Den Eltern tut es Leid, dass sie Marcos Wunsch nicht erfüllen können. Vielleicht hätten die Eltern auch deutlich über ihre und seine Gefühle sprechen können, wie zum Beispiel mit folgender Erklärung: »Marco, wir müssen mit jedem Pfennig rechnen. Wir können nicht so viel Geld für ein Spielzeug-Rennauto ausgeben. Wir merken, dass du traurig bist, und wir sind es auch.«

Wenn die Eltern geschieden sind

Stephanie ist schon den ganzen Sonntagmorgen mächtig aufgeregt. Sie weiß, dass heute um zehn Uhr ihr Vater an der Tür klingeln wird, um dann mit ihr zusammen den ganzen Sonntag zu verbringen. Seit ihre Eltern geschieden wurden, lebt sie bei der Mutter. Ihr Vater hat durch eine Entscheidung zur Besuchsregelung das Recht zugestanden bekommen, sie alle zwei Wochen am Sonntag abzuholen.

Stephanie kann es in ihrem Kinderzimmer kaum aushalten. Sie hat sich schon um sieben Uhr fertig gemacht und steht am Fenster, um auf die Straße zu schauen. Vielleicht kommt ihr Vater ja schon etwas früher. Bei jedem Auto, das um die Ecke fährt, zuckt sie leicht zusammen und muss dann erkennen, dass es ein anderer Wagen ist. Endlich, nach einer für sie viel zu langen Wartezeit, taucht das Auto ihres Vaters auf. Sie flitzt in den Flur, zieht sich ihren Mantel an, ruft ihrer Mutter noch ein schnelles »Tschüs!« zu und eilt ihm entgegen. Als er vor der Haustür anhält und aussteigt, fallen sich beide mit großer Freude in die Arme.

Nachdem der Tag gemeinsam verbracht worden ist, bringt Stephanies Vater seine Tochter wieder zur verabredeten Zeit zur Mutter. Traurig kuschelt sich Stephanie in Vaters Arme, als sie vor der Haustür das Auto abgestellt haben und noch einige Minuten im Wagen sitzen bleiben. »Warum kannst du denn nicht öfter kommen?«, fragt Stephanie und blickt mit traurigen Augen zu ihrem Vater. »Nun, das kann ich dir erklären«, meint er. »Deine Mutter und ich haben uns ja scheiden lassen. Das weißt du ja, und darüber haben wir schon oft gesprochen. Und ein Richter, der alles bestimmen kann, hat gesagt, dass du bei deiner Mutter leben musst und ich nur alle 14 Tage zu dir kommen darf, um dich abzuholen. Und weil der das gesagt hat, muss ich mich daran halten.«

»Und warum hat er nicht dafür gesorgt, dass du jeden Tag kommen kannst?« Stephanie fangt an zu weinen und hält ihren Vater ganz fest. »Weil er glaubt, dass es so das Beste für uns alle ist«, antwortet der Vater. »Aber ich will viel öfter mir dir zusammen sein«, erwidert Stephanie. »Kannst du nicht noch einmal mit dem Richter sprechen, dass der das ändern kann? Oder frag doch Mama einfach, ob das nicht öfter geht. Oder ich fahr jetzt mit dir nach Hause und bleibe einfach da.«

Der Vater gibt ihr einen Kuss und sagt: »Das geht nicht. Wenn ein Richter ein Urteil verkündet, dann müssen wir uns alle daran halten. Auch die Mama. Und wenn ich dich einfach mit zu mir nach Hause nehme, dann kann es passieren, dass die Polizei oder jemand von einem Amt dich abholt. Dann darf ich dich voraussichtlich für eine lange Zeit überhaupt nicht sehen.« Der Vater blickt auf die Uhr und hat auch schon bemerkt, dass seine geschiedene Frau am Fenster steht und das Auto beobachtet. »Stephanie«, beginnt der Vater erneut, »es ist jetzt sieben Uhr, und da musst du hoch zu deiner Mutter. Es war ein schöner Tag mit dir. Sei jetzt brav, und geh zu deiner Mutter.« Leise vor sich hin weinend verabschiedet sich Stephanie und geht zur Haustür.

Als sie wieder in ihrem Kinderzimmer ist, wirft sie sich aufs Bett und stellt sich viele Fragen:

- Warum darf ihr Vater sie nur alle 14 Tage abholen und muss sie dann noch am gleichen Tag wieder um sieben Uhr abends zur Mama zurückbringen?
- Warum kommt Papa niemals hoch in die Wohnung, wo sie alle drei früher zusammengelebt haben, und warum kommt Mama nie zum Auto, um Papa zu begrüßen?
- Warum würde denn – wie Papa sagt – die Polizei zu ihnen kommen, um sie abzuholen, wenn sie einfach bei *ihrem* Papa bleiben würde?
- Warum haben Mama und Papa früher miteinander gesprochen und jetzt, nachdem sie geschieden wurden, reden sie gar nicht mehr miteinander? Wenn sie mit ihren Freundinnen Streit hat, dann herrscht zwar auch für eine bestimmte Zeit einmal »Funkstille«, aber nach ein

paar Tagen spielen und reden sie genauso schön wie vorher.

- Warum will Papa immer von ihr wissen, ob Mama wieder einen neuen Freund hat, und warum will Mama, dass sie ihr berichten soll, ob Papa eine neue Frau hat?
- Warum findet Mama es nicht richtig, wenn sie mit einem Geschenk von Papa nach Hause kommt, dass er ihr was geschenkt hat, und warum sagt Mama dann: »Er kauft sich ja nur deine Freundschaft«?
- Warum sind die Erwachsenen überhaupt so gemein und reden schlecht übereinander?
- Warum sind die Eltern ihrer Freundinnen noch zusammen, zumal sie mitbekommen hat, dass es da auch mal Streit gibt?
- Warum spricht Mama immer von »deinem Vater« anstatt von »Papa«, und warum redet Papa nicht von »Mama«, sondern von »deiner Mutter«?
- Warum fahren sie nicht alle drei am Sonntag zum gemeinsamen Spaziergang in den Wald, zum Kahnfahren oder in den Zoo, zur Eisdiele oder zum Schwimmbad?
- Warum erzählt Mama ihr davon, dass Papa so viel Geld hat und er ihnen viel zu wenig Geld im Monat bezahlt, zumal Papa doch immer so lieb zu Stephanie ist?
- Und warum müssen sich Erwachsene immer so komisch anstellen, wenn sie darum bittet, die Eltern mögen sich wieder vertragen und zusammenziehen?

Stephanie versteht die ganze »Scheidungsproblematik« überhaupt nicht. Sie hört zwar, was ihre Eltern sagen, aber sie kann es einfach nicht begreifen, dass alles jetzt so völlig anders ist, als es früher einmal war. Vor allem spürt sie, dass sie sich zwischen den Eltern hin- und hergerissen fühlt, und so folgen neue Fragen:

- Wieso ist Papa zu ihr so freundlich, und warum sagt Mama, dass er gar nicht lieb ist?
- Warum kann sie nicht mitbestimmen, wohin sie gehen will, und wieso muss sie sich an eine Regel halten, die andere Leute festgelegt haben?
- Wer hat denn nun Recht, wenn es darum geht, die Frage zu beantworten, wer »der liebere Teil« der Eltern sei, wenn Mama und Papa ihr aufzählen, was jeder für Stephanie tue?

Fragen über Fragen, mit denen sich ein achteinhalbjähriges Mädchen selber konfrontiert und nach verständlichen Antworten sucht.

Viele Erwachsene, die eine Scheidung erlebt haben, trennen häufig nicht zwischen ihrer Partner- und ihrer Elternrolle. Sie übertragen aus ihrem eigenen Schmerz, ihrer Wut und Enttäuschung aus ihrer Ehezeit die vielen verletzten Gefühle auf den anderen (Schuldzuweisung) und tragen dies zusätzlich in ihre Elternrolle hinein. Sicherlich wäre es besser gewesen, wenn der Vater Folgendes zu Stephanie gesagt hätte:

»Bei der Trennung von Mama und mir hat der Richter eine Entscheidung getroffen, an die wir uns halten müssen. Wenn Mama und ich allerdings gemeinsam der Meinung sind, dass du öfter zu mir kommen darfst, dann sollten wir es versuchen. Beim Nachhausebringen sollten wir daher zu dritt – du, Mama und ich – noch einmal darüber sprechen. Am besten ist es, wenn du deinen Wunsch noch mal sagst. Mama muss sich aber nicht sofort entscheiden. Sicherlich braucht sie eine bestimmte Bedenkzeit. Dann greifen wir beim nächsten Treffen das Thema noch mal auf.«

Kinder fragen anders

Kinder stellen Fragen, meist mehr (quantitative Ebene) und andere (qualitative Ebene) mit einem wiederum anderen Bedeutungsgehalt (semantische Ebene), als vergleichsweise Erwachsene Fragen stellen.

Kinderfragen unterscheiden sich von Erwachsenenfragen durch

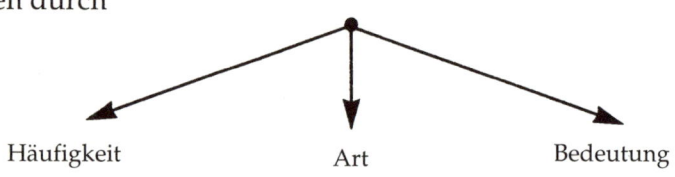

Häufigkeit   Art   Bedeutung

Während Erwachsene ihr Wissen durch die Erfahrungen ihres Lebens, durch Schule, Selbststudium, Lesen, Medien, Diskussionen und andere Informationsträger kontinuierlich erweitern konnten und ergänzt haben, stehen Kinder von ihren ersten Lebenstagen an in einer äußerst vielfältigen Welt von Eindrücken, die auf sie einwirken. Überall, egal, ob sie liegen oder gehen, im Kinderwagen geschoben oder auf den Schultern ihrer Eltern getragen werden, ob zu Hause in der eigenen Wohnung oder bei Freunden und Bekannten, in Einkaufsgeschäften oder auf der Straße, in öffentlichen Gebäuden (Kindergarten, Krippe, Schule, Hort usw.) oder in Fahrzeugen (Auto, Bus, Bahn, Flugzeug), auf dem Fahrrad oder ihrem eigenen Roller, bei Spaziergängen oder zielgerichteten Aktivitäten wie beim Einkaufen: Immer sind Kinder umgeben von einer ganzen Welt bekannter oder unbekannter Geräusche und Signale, die auf sie einströmen.

Allein schon der Versuch, mit einem Kind in einer Stadt einen Einkaufsbummel zu unternehmen, bei dem gleichzeitigen Versuch, sich als Erwachsener auf die Ebene eines Kindes zu begeben, lässt uns nur ansatzweise erahnen, womit sich ein Kind beschäftigen kann.

Stellen wir uns die Situation vor, dass die Eltern um zehn Uhr am Morgen mit ihrem fünfjährigen Sohn in die Stadt fahren möchten, um für den anstehenden Geburtstag eines Freundes ein Geschenk zu kaufen:

Der Vater bittet/ermahnt den Sohn, mit dem Spielen in seinem Zimmer aufzuhören und sich fertig zu machen. Als Thorben es immer noch nicht schafft, sich von seinem Spielzeug zu verabschieden, kommt der Vater ins Zimmer, nimmt seinen Sohn bei der Hand und zieht ihn zur Garderobe.

Thorben fragt:»Warum muss ich denn mit in die Stadt? Ich möchte noch viel lieber weiterspielen.«

Der Vater antwortet:»Weil wir uns jetzt beeilen müssen, denn sonst fährt der Bus vor unserer Nase weg. Und das geht nicht!« (Thorbens Frage bleibt unbeantwortet, denn eigentlich wollte er wissen, warum *er* in die Stadt mitkommen muss. Außerdem ist für *ihn* das Spiel jetzt unterbrochen worden, und für *ihn* ist es klar, dass Spiele auch einen Abschluss finden müssen.)

Mit dieser Nichtbeantwortung seiner Fragen zieht ihm der Vater Mütze, Jacke und die blauen Schuhe an, die Thorben gar nicht mehr so richtig passen. Außerdem ist die Jacke viel zu warm, und eine Mütze findet er doof.

Thorben fragt: »Warum muss ich denn die blöden Schuhe anziehen? Ich würde viel lieber Turnschuhe tragen.«

Der Vater antwortet:»Thorben, ich habe jetzt keine Lust, mit dir zu diskutieren. Lass dir mal den Reißverschluss zuziehen und halte die Füße still, damit ich dir die Schleifen binden kann.«

(Thorbens Fragen bleiben wieder unbeantwortet, und da er schon jetzt durch die Enge seiner blauen Schuhe genervt ist und vom Spielen etwas verschwitzt, versteht er nicht, warum er die dicke Jacke und die Mütze anziehen soll, zumal er dann noch mehr ins Schwitzen kommt.)

Die Eltern laufen mit Thorben zur Bushaltestelle, und die Mutter stellt beim Ankommen fest, dass sie noch fünf Minuten Wartezeit haben.

Thorben fragt: »Warum mussten wir denn so rennen? Jetzt müssen wir hier warten. Da hätte ich doch noch etwas spielen können.«

Die Eltern schauen sich an, und der Vater antwortet: »Lieber etwas früher an der Haltestelle als zu spät kommen und dem Bus hinterhergucken.«

(Thorbens Fragen bleiben unbeantwortet, zumal *er* wissen wollte, warum sie *gerade* so rennen mussten, wo der Bus doch *jetzt* noch gar nicht zu sehen ist. Und eigentlich hätte er auch länger spielen können.)

Ein neuer Fahrgast kommt ins Wartehäuschen. Es ist ein recht dicker Mann, der über seinem Hemd eine Jacke über die Schulter gelegt hat.

Thorben fragt: »Mama, warum muss ich denn eine Jacke anhaben? Der Mann trägt ja auch nur ein Hemd und friert nicht.«

Die Mutter antwortet: »Schau mal, da kommt der Bus. Pass auf, dass du nicht wieder beim Einsteigen stolperst.« Mit Schrecken denkt die Mutter an die Szene, bei der Thorben vor zwei Wochen über die Stufen des Busses gestolpert und hingefallen ist. (Thorbens Frage ist wieder ohne Antwort geblieben.)

Im Bus setzen sie sich auf die wenigen freien Plätze. Da das Busfenster recht hoch ist, klettert Thorben auf den Sitz, weil er möglichst viel sehen möchte.

Die Mutter ermahnt ihn: »Thorben, geh jetzt bitte mit den Schuhen vom Sitz, und setze dich ordentlich hin.«

Thorben fragt nach: »Aber Mama, ich will doch aus dem Fenster gucken.«

Die Mutter antwortet erneut: »Du machst mit deinen Schuhen die Sitze schmutzig. Das geht nicht. Da wollen sich auch noch andere Leute hinsetzen.«

(Thorbens Nachfrage, warum er sich hinsetzen soll, obwohl er damit nichts sehen kann, bleibt unbeantwortet. Er könnte sich ja auch die Schuhe ausziehen, oder es könnte eine Tüte als Sitzschutz hingelegt werden.)

Bei seinem Blick zu den vielen Fahrgästen fällt ihm wieder der dicke Mann auf, der mit ihnen zusammen im Wartehäuschen gewesen ist. Er hat in der Zwischenzeit aus seiner Einkaufstüte etwas zu essen herausgeholt und verspeist das Brötchen mit großen Bissen.

»Mama, warum isst der Mann da jetzt schon so viel? Der ist doch dick genug.«

Der Mutter bleiben die Worte fast im Halse stecken, denn Thorbens Stimme ist recht kräftig und kann daher nicht nur von ihr gehört werden.

Die Mutter antwortet: »Bitte, Thorben, sei nicht so laut, zeige mir lieber, ob du auch mal ohne was zu sagen still sitzen kannst.«

Die Mutter versucht ganz offensichtlich, ihren Sohn auf andere Gedanken zu bringen.

(Thorbens Frage nach dem Sinn, warum der dicke Mann isst, bleibt unbeantwortet.)

Endlich hält der Bus an. Beim Herausgehen fällt Thorbens Blick unter eine Sitzbank, wo er ein kleines Spielzeugauto entdeckt. Voller Unruhe bittet er darum, doch noch schnell das Auto hervorholen zu dürfen. Der Vater sagt: »Thorben, komm und steig aus. Der Bus wartet nicht.«

Thorben fragt aufgeregt: »Warum kann ich denn nicht doch noch schnell das Auto nehmen? Warum kann der Bus nicht eben warten?« Der Vater zieht ihn wieder zur Treppe, und alle drei steigen aus. (Thorbens Fragen bleiben unbeantwortet.)

Beim Gang durch die Einkaufspassage sieht Thorben ein Kind auf dem Boden sitzen, das nicht nur durch seine dunklere Hautfarbe auffällt, sondern auch seine Hände den Passanten entgegenhält und um Geld bettelt.

Thorben fragt: »Warum sitzt das Mädchen hier, und was will es?« Die Eltern sind derweil so in ein Gespräch über das richtige Geburtstagsgeschenk vertieft, dass sie seine Frage gar nicht hören. So bleibt für ihn eine weitere Frage unbeantwortet.

Ein paar Meter weiter steht ein Straßenverkäufer, der Marionettenfiguren zum Verkauf anbietet und mit ihnen etwas vorspielt.

Thorben möchte stehen bleiben und etwas zugucken. Die Eltern zerren an seiner Hand.

Thorben sagt: »Ich möchte aber zugucken. Warum können wir denn nicht mal stehen bleiben?«

Die Mutter antwortet: »Bitte komm jetzt, wir haben noch viel vor.«

(Thorbens Faszination von den Figuren, die an langen Fäden hängen und sich lustig bewegen, wird übersehen, und seine Bitte, verweilen zu wollen, wird auch hier nicht berücksichtigt.)

In einem Geschenkeladen angekommen, gucken sich die Eltern derweil nach einem passenden Geschenk für ihren Freund um. Thorben sieht eine wundervolle, große Blechdose mit aufgeklebten Automotiven drauf. »Papa, die Dose würde ich gerne haben. Da kann ich alle meine schönsten Autos reintun.« Der Vater, unterbrochen in dem

Gespräch mit seiner Frau, sagt: »Stell bitte wieder die Dose dahin, wo du sie herhast. Jetzt müssen wir erst was für Friedrich kaufen.«

»Und warum schenkt ihr mir nicht die Dose, wo sie doch so praktisch ist und ich alle meine besten Autos darin aufheben kann?«

Der Vater reagiert gereizt: »Bitte bring die Dose wieder an ihren Platz. Nerv jetzt nicht rum.«

(Thorbens Bemerkung zur Praktikabilität der Nutzung einer Aufräumdose und seine Frage zum Kauf dieser praktischen »Garage« bleiben unbeantwortet.)

Schließlich haben die Eltern etwas gefunden, und alle drei gehen zur Kasse. Thorben beobachtet, wie der Vater eine viereckige Karte hervorholt und die Verkäuferin fragt, ob er mit der Karte zahlen oder mit Geld den Rechnungsbetrag begleichen möchte.

»Papa«, fragt Thorben, »warum muss man hier nicht mit Geld bezahlen?« Der Vater schaut verständnisvoll: »Weil die Karte auch so eine Art Geld ist«, antwortet er und lächelt zur Verkäuferin rüber, vielleicht voller Stolz, dass sein Sohn diesen Zahlungsunterschied bemerkt hat. »Kannst du mit mir zu Hause auch so eine Karte basteln? Dann kann ich auch immer damit zahlen und brauche kein Geld. Damit braucht ihr mir auch kein Taschengeld mehr zu geben. Ist ganz schön praktisch.«

Der Vater meldet sich erneut zu Wort: »So einfach ist das alles nicht. Das kann ich dir erklären, wenn wir wieder zu Hause sind.«

(Thorbens Frage und seine Anmerkung zur regelmäßigen Taschengeldausgabe bleiben im Raum stehen. Auf dem Weg nach Hause gefällt ihm die Idee immer mehr, auch eine solche Karte nutzen zu können. Pappe, eine Schere sowie Buntstifte und Filzer für die vielen Zeichen, die dann auf diese Karte aufgetragen werden können, hat er in seiner Schublade.)

Auf der Suche nach Antworten

Kinder sind mit einer Vielfalt von Ereignissen, Erlebnissen und Geschehnissen konfrontiert, die sie noch nicht wissen können. Gleichzeitig spüren sie aber, dass es zu jedem Umstand eine Erklärung geben muss beziehungsweise gibt.

Kinder sind auf der Suche zu begreifen und zu verstehen, was um sie herum passiert. Sie sind auf der Suche nach Antworten. Im Gegensatz dazu haben Erwachsene schon viele Antworten gefunden, und sie gestalten ihr Leben daher weniger aus Fragen als vielmehr aus diesen bisher gefundenen Antworten.

Kind:

↓

»Ich suche nach Antworten,
um die Dinge um mich herum zu verstehen.«

Erwachsener:

↓

»Ich verstehe die Dinge um mich herum,
weil ich Antworten gefunden habe.«

Darin liegt ein wesentlicher Unterschied im Begreifen der Welt, in der Kinder und Erwachsene leben. Gleichzeitig kann damit auch erklärt werden, warum Kinder aus gegebenen Antworten neue Fragen ableiten und Erwachsene damit auch nicht selten zur Verzweiflung bringen.

Vielleicht kann an dieser Stelle mit einem Bildvergleich gearbeitet werden:

Kinder sehen die Welt wie ein überdimensional großes Schachbrett, das in mehr als tausendmal tausend Felder eingeteilt ist. Und jedes dieser Schachbrettfelder hat zwei Teile: Auf dem jeweils oberen Quadrat steht die Frage »Warum?«, und auf dem unteren Teil des Quadrats steht ein »Darum!«.

Zunächst sind alle Felder weiß und jeweils nur mit diesen Wörtern beschrieben. Dahinter ist genügend Platz, damit eine für ein Kind erfassbare Erklärung dazugeschrieben werden kann. Und tausendmal tausend Felder können erst dann beschrieben werden, *wenn* es zu Antworten kommt. Solange diese weißen Felder ohne Beschriftung sind, ist es für Kinder ein starker Impuls, möglichst alle Leerflächen mit Antworten zu füllen.

Vielleicht geht es Kindern dabei wie denjenigen Forschern, die in vergangenen Zeiten mit einem Blick auf die Weltkarte feststellen konnten, dass es auch dort große, weiße Flecken gab, weil noch kein anderer Mensch vor ihnen den erfolgreichen Versuch unternommen hatte, durch zielgerichtete Expeditionen in Erfahrung zu bringen, wie es dort aussieht. Erst durch ihre Forschungsreisen konnte die Weltkarte Stück für Stück vervollständigt werden mit Höhenzügen und Flüssen, Tälern und Wohnsiedlungen, Wäldern und Schluchten, Seen und Wasserfällen. Ihr unbeschreiblicher Drang, Neuland zu betreten und zu erfassen, was dort an Geländeformationen existiert, trieb sie dazu, immer weiter von einer beantworteten Frage zur nächsten offenen voranzugehen.

Kinder sind in gleichem Maße Forscher, die auf Erklärungen aus sind, denn alles, was ist, existiert nur dadurch, dass es aus einem bestimmten Grunde so ist, wie es ist.

Kinderfragen sind Ergebnisse der Neu-gierde (= Gier nach Neuem, nach neuen Erfahrungen und nach neuem Wissen), die dadurch entsteht, dass Tatsachen auch immer einen Grund haben. Etwa wenn ein Stein aus der Hand losgelassen wird und nach unten fällt, während ein auf dem Jahrmarkt gekaufter Luftballon losgelassen nach oben in die Luft steigt. Warum fällt dann aber ein Flugzeug nicht nach unten, während ein Stein doch viel leichter als solch ein »Eisenvogel« ist? Und warum geht ein großes Schiff, das aus unzähligen Tonnen Stahl besteht, nicht unter, während ein kleines Eisenauto, das beim Spielen am Becken des Schwimmbades ins Wasser fällt, auf dem Beckengrund verschwindet, obwohl es viel leichter ist als ein Ozeanriese?

Mit dem Fragen und der damit verbundenen Antwort erhält das Ereignis erst einen Sinn:

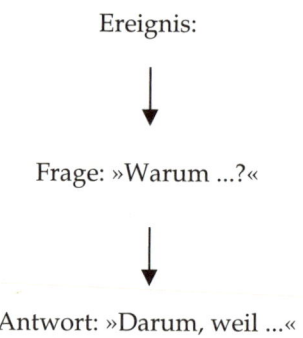

Ereignis:

↓

Frage: »Warum ...?«

↓

Antwort: »Darum, weil ...«

Bei der Vielfalt der möglichen Antworten geht es Kindern dabei häufig weniger in erster Linie um eine sachlogische und korrekte Antwort, die der Erwachsene nach seinem Wissen für richtig hält, sondern vielmehr um eine Erklärung, die für ein Kind verständlich ist.

Solange ein Kind vor einer Frage steht, die es nicht selber beantworten kann oder die Erwachsenen nicht beantworten können beziehungsweise wollen, ist es in einer Phase der Unruhe, der Anspannung. Jede Antwort birgt dann die Möglichkeit in sich, in eine kurze Phase der Entspannung zu kommen.

Und genau das ist unsere Form des Lebens: Der ständige Wechsel von Tag und Nacht (Helligkeit und Dunkelheit), Sommer und Winter (Wärme und Kälte), Feuer und Wasser (Zerstörung und Neubeginn), Wachsein und Schlaf (Aktivität und Passivität), Lachen und Weinen (Freude und Trauer), Werktag und Wochenende (Arbeit und Freizeit), Fliegen und Tauchen (Höhe und Tiefe), Chaos und Regeln (Unordnung und Ordnung) ist nichts anderes als ein Leben mit zunächst augenscheinlichen Widersprüchen. Doch näher betrachtet hat alles seinen Rhythmus aus der Spannung zur Entspannung: Der anstrengende Tag mit seinen Spannungen kommt dadurch zur Vollendung, dass die Nacht Entspannung bringen kann. – Aber ebenso kann die Nacht voller Dunkelheit Angst hervorrufen, die mit dem Licht der Morgenröte weicht.

Der heiße Sommer schafft Platz für herrliche Urlaubsfreuden, für das angenehme Baden im Meer und für vielerlei Aktivitäten. Er kann aber auch reizbar machen und den Wunsch verstärken, dass es kühler werden soll. Demgegenüber kann der Winter mit seinen Schneefällen ein ganzes Land zur Ruhe bringen, gleichfalls in die Richtung, dass der Schnee sich wie ein weißer Schleier über alle Bauwerke und die ganze Gegend legt, wodurch die Welt zur Ruhe (Entspannung) kommen kann. Aber ebenso kann ein harter Winter die Sorgen der Menschen verstärken, nicht zur Arbeitsstelle zu kommen, gesetzte Vorhaben nicht zu erreichen oder einfach in den Wohnhäusern eingeschlossen zu sein. Dann wird der Frühling oder Sommer ersehnt mit der Vorstellung, diese Sorgen nicht zu haben.

Der Brand eines Hauses oder Waldes ist für alle Betroffenen ein großes Drama, weil Menschenleben in Gefahr geraten, unwiederbringliche Werte zerstört werden und große Sorgen der Menschen, wie es weitergeht, im Vordergrund stehen. Feuerwehren mit ihren Tanks voller Wasser schaffen es dann häufig bei rechtzeitiger Ankunft, Leben zu retten und größere Schäden zu verhindern. Auf der anderen Seite können Brände, die zum Beispiel in den Savannen durch bestimmte Naturereignisse entstehen, dafür sorgen, dass verdorrte Flächen abbrennen und durch die Brandrückstände neues Leben beginnt. Gleichzeitig können durch plötzliche, lang anhaltende Regenfälle Menschen und Tiere in große Not geraten, weil Flutwellen Landstriche unter Wasser setzen.

Wachsein ermöglicht uns Menschen, viele Dinge zu regeln und zu gestalten, auszuprobieren und lang geplante Vorhaben in die Tat umzusetzen. Der Schlaf wird dann von vielen als eine ersehnte Möglichkeit begrüßt, endlich abzuschalten und sich in Ruhe zu entspannen. Demgegenüber kann aber auch der Schlaf gefürchtet sein, wenn immer wieder schlimme Träume auftauchen, sodass das Wachsein freudig begrüßt wird, um den Träumen nicht erneut passiv ausgeliefert zu sein.

Das Chaos auf Straßen – etwa beim Ausfall von Ampeln während der Hauptverkehrszeiten – oder ein Chaos in den eigenen Unterlagen – etwa bei der anstehenden Steuererklärung – bringt immer Unruhe mit sich, weil Unordnungen viel Zeit benötigen, gesetzte Ziele möglichst umgehend zu erreichen. Da ist der Wunsch vieler Menschen verständlich, dass Regelungen getroffen oder Re-

geln beachtet werden, um durch bestehende oder einge-
haltene Ordnungen Sicherheit(en) zu erleben.

Demgegenüber können Regeln aber auch lähmen und
getroffene Ordnungen so starr sein, dass Unzufriedenheiten entstehen und neue Spannungsmomente auftauchen.
Ein Chaos birgt die Chance in sich, dass neue Wege aus-
probiert, verworfen oder weiterentwickelt werden, sodass
bei einer persönlichen Zielerreichung gerade durch die
Nutzung ungeordneter Vorgehensweisen Zufriedenheit
(Entspannung) erlebt werden kann.

So wie sich also im täglichen Leben der Rhythmus von
Unruhe und Ruhe ergänzt, so ist ein Teil der Entwicklung
der Kinder auch in diesem Wechselspiel von Fragen und
Erklärungen wiederzufinden.

Auftauchen einer Frage:
Provokation von Unruhe (= Spannung)

↓

Beantwortung der Frage:
Erleben von Ruhe (= Entspannung)

Kindern Fragen zu beantworten, die aus ihrer Sichtweise
verständlich und nachvollziehbar sind, heißt also, Kinder
dabei zu unterstützen,

● das Prinzip des Lebens zu begreifen,
● Ruhe als eine Form der Entspannung zu erleben,
● neue Impulse für weitere Fragen zu spüren.

Kinder fragen, um sich selbst und die Welt um sich herum zu verstehen

»Warum gerade jetzt?«

»Sag mal, Mama, warum hast du gerade jetzt keine Zeit für mich, wo ich dich doch so dringend brauche?« Daniel steht traurig an der Tür zu Mutters Arbeitszimmer und begreift nicht, dass seine Mutter gerade an einer wichtigen Arbeit sitzt und zur Zeit ohne Störung sein möchte.

Daniel hat in seinem Zimmer an einer Holzkiste gebastelt, in die er demnächst seine Schätze hineinlegen kann. Von seinen Eltern hat er schon ein dickes Vorhängeschloss bekommen, mit dem er dann auch seine Schatztruhe verschließen kann. Doch nun, nachdem er die Holzbretter mit Leim eingestrichen und fest gegeneinander gepresst hat, fallen die Bretter trotzdem wieder auseinander. Wutentbrannt warf er das Holz in die Ecke, holte es dann aber doch wieder hervor, weil er nicht wollte, dass der noch flüssige Leim seine Spielsachen verkleben sollte.

Daniels Mutter, von Beruf Lehrerin, korrigiert gerade einen Deutschaufsatz und mag es gar nicht, wenn sie gestört wird, bevor sie einen Aufsatz zu Ende korrigiert hat. »Daniel«, meint sie ganz ruhig, »du siehst doch auch, dass ich gerade mit dem Nachsehen von Klassenarbeiten beschäftigt bin. Lass mir bitte noch zehn Minuten Zeit, bis ich mit diesem Heft fertig bin. Dann kann ich gerne kommen.«

»Aber ich brauche dich *jetzt*«, fleht ihr Sohn. »Nichts klappt mit dem blöden Leim, den Papa mir gegeben hat. Irgendwie ist der schon zu alt oder so. Ich hab alles richtig gemacht, und trotzdem haut das nicht hin. Wieso kommst du denn nicht, wenn ich dich brauche?«

Die Mutter bemüht sich, ganz ruhig zu bleiben: »Daniel, du hast einen Wunsch, und ich habe einen Wunsch. Beide Wünsche passen nicht zusammen. Akzeptiere bitte, dass ich erst zu dir kommen werde, wenn ich das will. Jetzt geht es nicht.« Mit neuer Konzentration liest sie an ihrem Aufsatzheft weiter. Daniel dreht sich um und läuft weinend in sein Zimmer.

Lauthals führt er ein Selbstgespräch: »Gerade wenn ich Mama brauche, dann kann sie nicht kommen. Das kenne ich schon. Wieso hat sie immer was zu tun, wenn sie mir helfen soll.« Missmutig setzt er sich auf sein Bett und wartet, bis Mama kommt (und ihn daran erinnert, dass er vergessen hat, die vier Holzecken zu nutzen und mit Schraubzwingen zu verbinden).

Warum sich Kinder als »Nabel der Welt« fühlen

Kinder stellen häufig eine Gedankenverbindung her, die uns zunächst einmal fremd erscheint. So wie Daniel in diesem Beispiel. Dieselbe Gedankenverbindung finden wir anhand unzähliger anderer Beispiele, etwa wenn Kinder fragen,

- warum es ausgerechnet jetzt regnen muss, wenn sie doch nach draußen zum Spielen wollen;
- warum ausgerechnet jetzt so viele Autos auf der Straße sind, dass sie nicht vorankommen und damit die Anfangszeit für die Zirkusvorstellung bestimmt verpassen;
- warum es gerade jetzt donnert, wo sie doch schlafen wollten;
- warum gerade jetzt die Kakaopackung leer ist, wo sie doch so gerne Kakao trinken wollten;
- warum nicht heute die Schule ausfällt, wo Papa erst wieder abends wegfahren muss und tagsüber freihat;
- warum gerade heute die Wolken am Himmel sind und es so kalt am Strand sein muss, wo sie doch am Strand spielen wollten;
- warum Onkel Heinz gerade jetzt krank geworden ist, wo er doch zu Besuch kommen wollte.

Kinder – vor allem bis zu sieben Jahren – setzen eigene Bedürfnisse (Bedürfnisse aus ihrem subjektiven Empfinden) und Gegebenheiten von Realitäten (objektive Umstände) so miteinander in Beziehung, dass sie die realen Gegebenheiten auf ihre Erlebniswelt übertragen und diese von sich in einem Abhängigkeitsverhältnis sehen, wie dies in folgenden Zusammenspielen deutlich wird:

- Weil ich zum Spielen nach draußen will, darf es nicht regnen. Was bildet sich eigentlich der Regen ein, meine Pläne zu durchkreuzen!
- Weil ich rechtzeitig zur Zirkusvorstellung da sein möchte, sollen nicht so viele Autos unsere Fahrt versperren. Was führt die anderen Autofahrer dazu, uns bei der Fahrt zu behindern!

- Weil ich schlafen will, brauche ich jetzt meine Ruhe. Wie kommt das blöde Gewitter dazu, mich beim Einschlafen zu ärgern!
- Weil ich jetzt Kakao trinken will, muss einfach Kakao in der Dose sein. Was bildet sich diese dumme Dose ein, einfach leer zu sein!
- Weil Papa heute freihat, würde ich gerne mit ihm zusammen sein. Wieso muss denn auch ausgerechnet heute die Schule stattfinden!
- Weil ich am Strand spielen will, haben die doofen Wolken nichts am Himmel zu suchen. Sollen sie doch weiterziehen und mir meine Sonne wiedergeben!
- Weil Onkel Heinz heute kommen wollte, habe ich schon ganz lange auf ihn gewartet. Wieso wird er gerade jetzt krank, wo er doch seinen Besuch zugesagt hat!

Kinder haben zu *allen* Zeiten und an *allen* Orten die Vorstellung, dass sie der »Nabel der Welt« sind – vor allem um das dritte und fünfte Lebensjahr herum. Sie sind eifrig dabei, ihre eigenen Entwicklungsmöglichkeiten zu erfassen, sie entdecken immer mehr Fähigkeiten, die zu ihnen gehören, und sehen sich damit als eine Quelle der unbegrenzten Potenzen. Dies, und das sei schon hier betont:

- *nicht*, um die Eltern oder Geschwister zu ärgern,
- *nicht*, um die Erwachsenen zu provozieren,
- *nicht*, um die Eltern in eine Ohnmacht zu drängen,
- *nicht*, um die Erwachsenen zu beherrschen.

Eine solche Begründung würde die gesamte Entwicklungspädagogik auf den Kopf stellen und Kindern grundsätzlich böse Absichten unterstellen.

Vielmehr geht es Kindern darum, sich in sich selbst und damit in der Welt zurechtzufinden, und das geht für Kinder – und teilweise auch noch für Erwachsene (!) – nur dadurch, dass sie sich zunächst als einen ganz wichtigen Teil selber wertschätzen.

Erinnern wir uns an Beispiele aus der Erwachsenenwelt, die einem gleichen Denkmuster folgen: Herr A. hat sich in voller Konzentration auf seinen Vorstandsbericht beim Verein B. zum Rednertisch begeben und stößt dabei mit seinem Knie an ein Tischbein. Er denkt vielleicht Folgendes: »Warum muss auch ausgerechnet hier im Gang ein Tisch den Weg versperren – du blödes Tischbein!«

Frau B. fährt mit ihrem Auto über die Autobahn und muss wegen eines Unfalls plötzlich scharf abbremsen. Da sie zu einer bestimmten Zeit in der Stadt C. sein muss, denkt sie vielleicht: »Wieso muss ausgerechnet heute und jetzt ein Unfall den Verkehr zum Stillstand bringen, wo ich es eilig habe.«

Herr D. hat ein Sonderangebot in der Zeitung gelesen und eilt schnellen Schrittes zu dem betreffenden Geschäft. Als er dort ankommt, sind die Sonderangebote schon ausverkauft. Vielleicht denkt er: »Wieso muss ausgerechnet jetzt das Angebot vergriffen sein, wo ich mich schon mal aufraffe und die Zeit erübrigt habe, hierher zu kommen.«

Frau E. hat sich schon den ganzen Tag auf eine Fernsehsendung gefreut und setzt sich zu Beginn des Spielfilms gemütlich und entspannt aufs Sofa. Gerade mit der Titeleinblendung klingelt das Telefon. Vielleicht denkt sie: »Wieso muss gerade jetzt ein Anruf kommen, wo ich den Film gucken will. Den ganzen Tag über ruft niemand an. Nur jetzt stört doch tatsächlich jemand.«

Herr F. hat sich vorgenommen, an diesem Abend den Rasen seines Gartens zu schneiden. Er geht zum Geräte-

schuppen, holt den Rasenmäher und versucht ihn anzu-
werfen. Doch alle Versuche schlagen fehl. Mit durchge-
schwitztem Hemd starrt er auf den Rasenmäher und denkt
vielleicht:»Wieso springt dieses Mistding nicht an? Gerade heute habe ich Zeit, und da sagt der Rasenmäher keinen
Ton.« Voller Wut tritt er gegen den »Sündenbock«.

Frau G. hat einen wichtigen Termin und steigt ins Auto.
Dabei bemerkt sie, wie ihr Mantel an einem Ölfleck am Tür-
schloss entlanggleitet. Ungehalten guckt sie sich das Ergebnis an und denkt vielleicht:»Warum muss gerade jetzt die
Schmiere auf meinen Mantel kommen? Hätte das nicht –
wenn unbedingt nötig – zu einem anderen Zeitpunkt passieren können, bei einem weniger wichtigen Termin?«

Herr H. kommt an diesem Tag extra etwas früher von
der Arbeit nach Hause, weil er sich vorgenommen hat,
endlich die Regalwand im Kinderzimmer zusammenzu-
bauen. Auch seine Frau – so war es verabredet – sollte sich
etwas früher von ihrer Arbeitsstelle verabschieden. Nachdem sich Herr H. umgezogen, die entsprechende Wand
des Kinderzimmers freigeräumt und die Regalwand her-
beigeschafft hat, klingelt das Telefon. Seine Frau teilt ihm
mit Bedauern mit, dass sie trotz energischer Bitten länger
im Büro bleiben muss, um die vielen Geschäftsbriefe noch
vor dem Postausgang zu schreiben. Herr H. wirft den Hörer auf die Telefongabel und denkt vielleicht:»Warum
muss auch gerade heute der Chef meiner Frau so viel Post
ins Fach legen, dass sie nicht kommen kann. Es scheint so,
als ob sich alles gegen dieses Regal verschworen hat.«

Frau I. muss sich beeilen, ihre Tochter aus dem Kindergarten abzuholen, weil sie nicht möchte, dass Petra so lange auf ihr Kommen warten muss. Außerdem weiß sie, dass
die Erzieherinnen des Kindergartens zu Recht nicht auf die
Eltern warten wollen, die trotz fester Absprachen ihre Kin-

der nicht pünktlich in Empfang nehmen (können). Frau I. fährt zügig auf der Stadtstraße und bemerkt nicht, dass sie erheblich schneller als mit der zugelassenen Höchstgeschwindigkeit über die Straße hetzt. Ein plötzlicher Blitz bündelt ihre ganze Aufmerksamkeit, und im Rückspiegel erkennt sie, dass sie von einer Radarüberwachung erwischt wurde. Sie denkt: »Was müssen auch gerade heute die Polizisten an dieser Stelle stehen, wo ich es so eilig habe?«

Herr und Frau K. freuen sich sehr auf dieses Wochenende, weil ihre Eltern sich gerne bereit erklärt haben, die Kinder übers Wochenende zu sich nach Hause zu holen. Damit haben sie seit langem wieder Zeit, volle zwei Tage allein miteinander zu verbringen. Kurz vor dem vereinbarten Abholtermin rufen die Eltern an und berichten, dass völlig überraschend Besuch zu ihnen gekommen ist: Bekannte, die sie während eines Kuraufenthaltes kennen gelernt hatten und die sie mit ihrem Besuch überraschen wollten. Beide Eltern gucken sich an und denken vielleicht, warum gerade an diesem Wochenende unangemeldeter Besuch kommen musste, wo sie sich doch so sehr auf ihr »kinderfreies« Zusammensein gefreut haben.

Der hohle Steinhaufen

Sich in einer Welt zurechtzufinden, in der es ständig etwas zu bestaunen gibt, in der Geschehnisse passieren, die verstanden werden wollen, und in der es ständig neue Eindrücke zu verarbeiten gilt, hält Kinder in Atem.

Vielleicht kann dies mit folgendem Beispiel verdeutlicht werden: Stellen Sie sich einmal vor, dass Sie die ersten

Jahre des Lebens auf einer einsamen, nur aus Felsen bestehenden Insel, spärlich bewachsen und nur mit dem Nötigsten versehen, aufwachsen. Gleichzeitig sehen Sie vom höchsten Punkt der Insel nur Wasser – egal, in welche Richtung Sie schauen.

Plötzlich kommt ein Schiff, nimmt Sie mit und bringt Sie in eine Gegend, in der es sehr, sehr viele Menschen gibt, die sich auf Gegenständen fortbewegen, in denen sie sitzen. Und die Bewegung geschieht, ohne dass diese Menschen selber laufen müssen. Dort gibt es viereckige Klötze aus aufeinander geschichteten, kleinen viereckigen Steinen, die hoch in den Himmel hinaufragen, und wo Menschen ein und aus gehen. Auf den schwarzen Spuren, auf denen sich die Menschen mit ihren Gegenständen fortbewegen, gibt es Lichter, die in unterschiedlichen Farben blinken und wo die Bewegungsgegenstände dann entweder zur Ruhe kommen und anhalten oder mit Geräuschen das Weite suchen.

Der Kapitän, der Sie auf das Schiff und nun hierher gebracht hat, führt Sie in einen großen Steinhaufen, der von innen hohl ist und in dem unsagbar viele Gegenstände ausgestellt, aufgestapelt und ausgelegt sind. Menschen mit silbrig-glänzenden Fortbewegungsmitteln, die sie vor sich herschieben, betrachten diese bunten, eckigen und runden, kleinen und großen, schweren und leichten Gegenstände, nehmen sie in ihre Hände und stellen diese entweder zurück oder legen manche in ihren Fortbewegungsgegenstand. Und während diese Menschen dort ihre Wanderung fortsetzen, ertönen Stimmen aus der Höhe, ungewohnte Klänge prasseln auf die Menschen nieder und – obgleich es draußen dunkel wird – trotz der beginnenden Finsternis erscheint der Raum durch viele längliche Sonnen erleuchtet ganz hell. Ungewohnte Gerüche steigen in Ihre Nase, und trotz der draußen herrschenden Wärme gibt es in diesem hohlen Steinberg große, weiße Behälter, die eine ungewohnte Kälte abgeben.

Am Ende dieses Rundgangs muss man an einer Frau vorbei, die wiederum, obgleich die Menschen ihre Gegenstände in ihre Fortbewegungsmittel hineingelegt haben, jeden einzelnen Gegenstand in die Hand nimmt und mit einer wischenden Bewegung einen Piepston auslöst. Anschließend muss wieder alles in dieses Fortbewegungsmittel hineingelegt werden. Immer geben die Menschen dann etwas an die Frau, die kurz mit ihnen spricht und dann oftmals auch was gibt. Die Menschen schieben dann alles zu den bunten Gegenständen, die Sie schon vorher auf den schwarzen Spuren sehen konnten, und laden dort alles ein, was sie aus dem Steinhaufen herausgeschafft haben.

Alles scheint für Sie völlig unverständlich zu sein, und Sie fragen Ihren Begleiter, den Schiffskapitän. Dieser nennt den hohlen Steinhaufen »Supermarkt« und meint, dass alles, was dort zu sehen war, dem »Essen und Trinken« der Menschen gilt.

Ob es die kleinen, roten Früchte waren mit den winzigen harten, grünen Pünktchen, die in harten, runden Behältern abgefüllten Flüssigkeiten oder die in dem weißen Behälter liegenden Tiere, die sich auf Ihrer Insel viel wärmer anfühlten, bunte Federn hatten oder im Wasser geschwommen sind: Bei allen Eindrücken fangen Sie an zu fragen:

»Warum tragen die Hühnervögel hier keine Federn, und warum sind die Fische so kalt und steif?«

»Woher kommen die vielen kleinen Sonnen, und wie haben es die Menschen geschafft, Stücke der großen Sonne in den Steinhaufen zu schaffen?«

»Wozu spielen die Menschen mit den am Schluss dasitzenden Frauen ein Spiel, wo einer dem anderen was gibt, und warum lassen die Menschen dann plötzlich die Frauen einsam zurück?«

»Woher kommen die Klänge in dem Steinhaufen, wo doch niemand im oberen Bereich des Raumes zu erkennen war?«

»Warum reden die Menschen nicht miteinander, lachen nicht und setzen sich nicht auf den Boden, um sich zusammen zu unterhalten?«

»Warum stecken sich viele Menschen, nachdem sie aus dem hohlen Steinhaufen herauskommen, weiß-braune Röhrchen in den Mund, brennen diese mit Feuer an und lassen sie dann zwischen den Lippen verbrennen?«

Wahrnehmungen wollen zugeordnet werden

Soweit diese kleine Geschichte, die verdeutlichen soll, dass wir Erwachsenen einerseits mit allen uns umgebenden Ereignissen und Gegenständen aufgrund unserer Erfahrung etwas anfangen und sie begreifen können, Kinder andererseits erst einmal ihre Wahrnehmungen mit Erfahrungen und einem Zuwachs an Wissen in Verbindung bringen wollen beziehungsweise müssen. Nur dadurch erhalten die vielfältigen Wahrnehmungen ihren *Sinn*, so dass mit der Zuordnung von Erkenntnissen eine Einordnung in das eigene Wissensspektrum erfolgen kann. Immer sind dabei alle Sinne der Kinder »auf Empfang« ausgerichtet, wie eine Richtantenne, die sich bestimmten Signalgebern zuwendet.

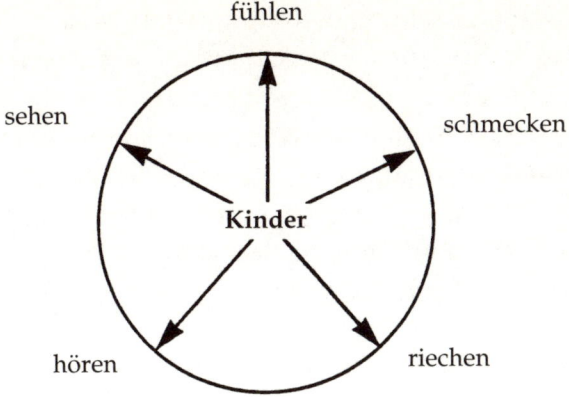

Dabei ist die Wahrnehmung der Kinder darauf ausgerichtet,

● allen Gegenständen und Ereignissen einen Namen zu geben,
● allen zugeordneten Namen eine bestimmte Bedeutung für sich selber beizumessen,
● allen erlebten Ereignissen eine eigene Wertigkeit (wichtig – unwichtig) zuzuordnen.

Insoweit sind die Fragen der Kinder auch verständlich, wenn sie zum Beispiel für sich in Erfahrung bringen möchten,

● *wie* etwas geht/funktioniert,
● *was* das ist,
● *warum* das so ist,
● *wieso* man etwas so oder so machen muss,

- *wozu* etwas gut ist,
- *wie* lange noch etwas Bestimmtes dauert,
- *weshalb* man nicht etwas anders machen kann,
- *wo* eine Lösung für etwas Bestimmtes liegt,
- *worin* der Sinn bei einer bestimmten Sache zu finden/sehen ist,
- *mit was* ein Problem gelöst werden kann und
- *mit wem* ein bestimmtes Vorhaben am besten gelingen kann.

Diese Fragen begleiten ein Kind pausenlos, sodass es in die Lage versetzt wird, den Gegenständen einen Begriff zuzuordnen, diesen Begriff mit anderen Wörtern zu verknüpfen oder in Abgrenzung von anderen Begriffen isoliert einzuordnen. Ohne bewusst damit umzugehen oder ihn als ein für sich definiertes Ziel erreichen zu wollen, erweitert sich gleichzeitig der Wortschatz der Kinder, und sie erfahren, dass sie sich damit in die Lage versetzen, mit *ihrem* Fühlen, *ihrem* Denken und *ihrem* Handeln ganz aktiv und differenziert am Weltgeschehen um sich herum teilzunehmen.

Selbstverständlich geht es ihnen dabei – wie jedem Forscher – *nicht* um ein passives Konsumieren von Erlebnissen, sondern um eine aktive Mitgestaltung der bedeutsamen Ereignisse um sie herum. Kinder sorgen durch ihre Fragen zunächst für sich, suchen aber auch einen Dialog mit ihrem Umfeld, um Antworten für ihr Verstehen zu erhalten. Und wie ist es am besten gewährleistet, dass meine Teilhabe am Weltgeschehen auch erfolgreich geschehen kann? – Indem ich als Kind *Fragen* stelle, die einer dringenden Beantwortung bedürfen.

Solange eine Frage nicht restlos beantwortet ist, stehen Kinder in dem für sie unangenehmen Widerspruch zwischen dem Bedürfnis, aus ihrer Spannung herauszufinden einerseits, und eine Entspannung zu spüren andererseits.

Dasselbe geschieht auch bei Erwachsenen, etwa in folgender Situation:

Der Ehemann, entschiedener Befürworter einer gleichberechtigten Partnerschaft, hat kurz vor dem Eintreffen seiner Frau die gesamte Hausarbeit erledigt: Das Geschirr vom Mittagessen ist gespült, die Wäsche wurde gewaschen und selbst das Bügeln wurde – wenn auch zähneknirschend – erfolgreich zu Ende geführt.

Wie immer kommt seine Frau erschöpft von ihrer anstrengenden Arbeit nach Hause. Sie arbeitet als Redakteurin in einem Zeitungsverlag, und die terminliche Hektik hinterlässt täglich ihre Spuren. Dieses Mal scheint es aber noch etwas anderes zu geben. Frau F. wirft ihre Aktentasche, kaum dass sie das Haus betreten hat, in die Ecke, murmelt irgendwelche unverständlichen Worte vor sich hin und macht es sich auf dem Sofa bequem. Der Ehemann fragt sie, ob sie etwas zur Erfrischung mag, aber Frau F. schüttelt nur den Kopf, nimmt sich die Tageszeitung und blättert herum. Nun entspinnt sich folgender Dialog:

»Sag mal, irgendwas scheint doch heute besonders ärgerlich gewesen zu sein. Gab es außer der bekannten Hetze zusätzlichen Ärger?«

»Nein!« Dabei blickt Frau F. kaum hoch, sondern scheint ganz vertieft mit ihrem Zeitungsdurchblättern zu sein.

»Aber irgendwas muss es doch gegeben haben! Du schmeißt die Aktentasche doch sonst nicht so genervt in die Ecke, und außerdem blätterst du doch sonst nicht in der Zeitung, wo du sie doch schon kennst.«

Frau F. antwortet mit einem leicht gereizten Ton:

»Nein, es gab nichts, was sich lohnt zu erzählen.« Bei diesem Satz scheint Herr F. ganz deutlich die nach oben gedrehten Augen seiner Frau zu spüren.

Er lässt nicht locker:»Also sag mal, ich bin mir sicher, dass du was hast. Ist dir etwa ein Kollege oder dein Chef irgendwie komisch gekommen? Ich kenn dich doch genau und kann schon unterscheiden, wie du sonst nach Hause kommst und erzählst. Heute ist alles anders. Willst du nicht endlich sagen, welche Laus dir über die Leber gelaufen ist?«

»Ich weiß wirklich nicht, was dich heute dazu bringt, mir einreden zu wollen, dass ich anders bin und dass es Ärger bei der Arbeit gegeben haben muss. Lass mich bitte in Ruhe etwas Bestimmtes in der Zeitung suchen.« Frau F. wendet sich wieder mit ganzer Konzentration ihrer Zeitung zu.

»Also wenn du es mir nicht sagen willst, dann hast du sicherlich dafür einen Grund. Aber glaube mir: Ich spüre sicher, dass es was gab. Schließlich biete ich dir ganz in Ruhe an, mir davon zu erzählen, und du maulst nur rum. Zum letzten Mal: Hast du was?«

Frau F. wirft die Zeitung in die Ecke und antwortet mit lauter Stimme:»Ja!« Sie steht auf und geht in die Küche.

»Siehst du, hab ich ja gleich gesagt. Erst streitest du es ab, und dann gibst du meiner Vermutung Recht.« Durch das Zuschlagen der Kühlschranktür und das laute Geräusch des Stuhlrückens weiß er, dass Ärger in der Luft liegt. So zieht er sich ins Bügelzimmer zurück und erledigt die Restarbeiten. Beide sprechen nun für die nächste Zeit nicht miteinander.

Dieses Beispiel aus der Welt der Erwachsenen kann natürlich noch weitere Dimensionen haben, etwa dadurch, dass Frau F. ihren Mann fragt,

- ob er nicht vielleicht an diesem Tag genervt sei und seinen unterdrückten Ärger wiederum auf seine Frau übertrage,
- ob er nicht dadurch unzufrieden sei, dass sie ihn heute einmal anders begrüßt hätte, als er es sonst gewohnt ist,
- oder ob ihr Mann sich nicht vorstellen könne, dass der Ärger nur durch seine Fragen entstanden ist.

Beide Partner haben versucht, aus ihrer Spannung herauszukommen, doch war die Art des Fragens und der gesamten Kommunikation nicht dazu geeignet, in eine Phase der Entspannung zu finden.

Die Welt bietet sich den Kindern an

Die Welt bietet sich den Kindern an, indem sie

- Geräusche hervorbringt, die ihrer jeweiligen Quelle zugeordnet werden wollen – es sei denn, ein Kind ist taub oder schwerhörig und kann bestimmte, viele oder auch alle Geräusche nicht wahrnehmen,
- Bilder und Szenen anbietet, die in ihrer Bedeutung begriffen werden wollen – es sei denn, ein Kind ist blind oder stark sehbehindert und kann daher bestimmte visuelle Reize nicht wahrnehmen,
- Materialien und Gegenstände anbietet, die erfasst und gespürt werden wollen – es sei denn, ein Kind hat deutliche Schwierigkeiten im taktilen Bereich und zeigt wenig oder keine Motivation, mit dem Körper zu spüren,

- vielfältigste Möglichkeiten hergibt, alles mit dem Mund und den Geschmacksnerven zu erfahren, um geschmackliche Zuordnungen vornehmen zu können,
- unterschiedlichste Düfte und Gerüche zur Verfügung stellt, deren »Produzent« gefunden werden will.

So stellen Kinder im Laufe ihrer Entwicklung einen unermesslichen Fundus an erworbenen und noch zu erwerbenden Verbindungen her, die ihnen täglich helfen (können), bestimmte Erfahrungen aus der Vergangenheit in die Gegenwart hineinzuholen. Und trotz aller Erfahrungen passiert es nicht selten, dass klein(st)e Unterschiede wieder neue Erfahrungen mit neuen Fragen provozieren.

Ein Beispiel: Kinder kennen den Unterschied zwischen »kaltem« und »warmem« Wasser, doch »lauwarmes« Wasser kann gleichzeitig kalt und wärmer als kalt sein, obgleich es nicht warm ist. Die Frage der Kinder, wie warm denn das Wasser ist, wird schwer zu beantworten sein, zumal dies immer subjektiven Einschätzungen in der Beurteilung unterliegt. Insoweit ergeben sich neue Fragen, weil neue Probleme aufgetaucht sind und diese wiederum neue Antworten nötig werden lassen.

Kinderfragen – und wie Erwachsene sie hören können

33 und noch mehr Antworten auf eine Kinderfrage

Amelie ist traurig und wütend zugleich. Obwohl sie sich für heute Nachmittag mit ihrer Freundin Maike verabredet hat, kommt Maike nicht zum vereinbarten Zeitpunkt zu ihr. Amelie steht am Fenster und wartet. Immer wieder guckt sie auf die Uhr und kann einfach nicht verstehen, warum sie von ihrer Freundin versetzt wurde. Schließlich hält sie es nicht mehr aus. Sie stürmt aus ihrem Zimmer, rennt zur Mutter und fragt: »Wieso kommt Maike heute nicht zu mir? Wir haben uns fest verabredet. Weißt du, warum sie mich sitzen lässt?«

Die Mutter könnte nun auf ganz verschiedene Art und Weise antworten, etwa so:

Möglichkeit 1: »Woher soll ich das wissen? Geh zu ihr hin und frag sie.«

Möglichkeit 2: »Wieso regst du dich so auf? Lass Maike doch noch etwas Zeit.«

Möglichkeit 3: »Du weißt doch, dass Maike fast immer zu spät kommt. Geh solange auf dein Zimmer und spiele. Ich rufe dich, wenn ich sie kommen sehe.«

Möglichkeit 4: »Vielleicht habt ihr euch ja gestritten, und nun ist Maike sauer und kommt nicht.«

Möglichkeit 5: »Lass mich bitte in Ruhe. Ich habe jetzt selber was zu tun.«

Möglichkeit 6: »Du bist ganz schön traurig, dass Maike nicht kommt. Das würde mich auch ärgern.«

Möglichkeit 7: »Kann es sein, dass du dich in der Zeit vertan hast?«

Möglichkeit 8: »Maike ist sowieso keine gute Freundin. Ich finde, sie streitet sich viel mit dir. Sei froh, wenn sie gar nicht kommt. Dann brauchst du dich auch nicht über sie zu ärgern.«

Möglichkeit 9: »Geh doch zu Sabine. Ihr beide habt doch auch in den letzten Tagen des Öfteren miteinander gespielt.«

Möglichkeit 10: »Auf solch eine treulose Tomate würde ich nicht warten. Wenn sie jetzt kommt, sag ihr einfach, du hast was anderes vor.«

Möglichkeit 11: »Du würdest Maike sicherlich nicht warten lassen. Vielleicht solltest du das auch mal bei ihr machen.«

Möglichkeit 12: »Ich weiß es nicht.«

Möglichkeit 13: »Verabredungen sollte man einhalten. Daran können auch Freundschaften kaputtgehen, wenn jemand zu spät kommt.«

Möglichkeit 14: »Wenn du willst, dann zieh dir die Jacke an. Ich wollte sowieso in die Stadt zum Einkaufen, und da kannst du jetzt gleich mitkommen.«

Möglichkeit 15: »Vielleicht hat sie sich mit einer anderen Freundin getroffen, mit der sie heute lieber spielen wollte.«

Möglichkeit 16: »Wisch dir mal die Tränen ab und heul nicht so rum. Davon geht die Welt auch nicht unter.«

Möglichkeit 17: »Wolltest du nicht immer schon dein Zimmer aufräumen? Da kannst du ja die Zeit nutzen und mal Ordnung in deine Bude bringen.«

Möglichkeit 18: »Ist Maike das überhaupt wert, dass du darüber so traurig bist? Es gibt doch auch noch andere Kinder.«

Möglichkeit 19: »Jetzt schlägt's dreizehn. Reiß dich zusammen, und stell dich nicht so an.«

Möglichkeit 20: »Ach Amelie, ich kenne das aus der Zeit, als ich auch auf meine Freundinnen gewartet habe und die nicht gekommen sind.« Die Mutter geht ins Wohnzimmer und holt ihr Fotoalbum, um Amelie ihre Kinderfotos und früheren Freundinnen zu zeigen.

Möglichkeit 21: »Wenn du so traurig bist, dann kann ich dich ja zu Maike fahren. Vielleicht treffen wir sie sogar auf dem Weg dorthin.«

Möglichkeit 22: »Lenk dich am besten mit etwas ab. Dann drehen sich deine Gedanken nicht nur um Maike.«

Möglichkeit 23: »Ich weiß nicht, wieso du gerade mir die Frage stellst. Ich bin doch nicht Maike, also kann ich es auch nicht wissen.«

Möglichkeit 24: Die Mutter lässt sich nicht von ihrer Arbeit ablenken, schaut nicht hoch und tut so, als hätte sie die Fragen gar nicht gehört.

Möglichkeit 25: »Beiß die Zähne zusammen. Wenn ich auch über alles heulen würde, worüber ich traurig bin, dann wäre unsere Wohnung überschwemmt.«

Möglichkeit 26: »Unpünktlichkeit ist heute offensichtlich keine Ausnahme mehr. Früher war alles anders. Wenn man sich da verabredet hatte, klappte das auch.«

Möglichkeit 27: Die Mutter nickt nur kurz in Richtung Telefon und meint offensichtlich, dass Amelie ihre Freundin Maike anrufen könnte.

Möglichkeit 28: »Es ist gut zu weinen, wenn man enttäuscht ist. Hinterher geht es einem immer besser.«

Möglichkeit 29: »Ach Amelie, es werden noch so viele

Enttäuschungen auf dich zukommen, dass du dich freuen wirst, wenn es nur um eine verspätete Verabredungszeit geht.«

Möglichkeit 30: »Sag mal, warum du so traurig darüber bist, wenn Maike dich sitzen lässt.«

Möglichkeit 31: »Das nervt! Immer wenn bei dir was nicht klappt, weinst du.«

Möglichkeit 32: »Nun lach mal wieder. Es gibt viel, viel schlimmere Sachen, als von einer Freundin versetzt zu werden.«

Möglichkeit 33: Die Mutter nimmt Amelie auf den Schoß, fängt auch an zu weinen und erzählt ihrer Tochter von ihrer Traurigkeit.

Sicherlich ist die ganze Vielfalt der unterschiedlichen Antwortmöglichkeiten an dieser Stelle nicht genannt, doch einen Überblick über die Spannbreite von Antworten konnten wir sicherlich gewinnen.

Zunächst einmal geht es darum, deutlich aufzuzeigen, dass es *immer* sehr, sehr viele Möglichkeiten gibt, auf *eine* Frage zu reagieren:

● ohne Sprache (mit dem Kopf, den Augen, den Händen, den Armen, dem ganzen Körper),
● ohne Sprache und ohne Körperbewegung,
● mit Sprache
  – mit einer Gegenfrage,
  – mit einem Vorwurf,
  – mit einem Ratschlag,
  – mit einer Information,
  – mit dem Nennen des Gefühls, wie es dem Kind wohl zur Zeit geht,
  – mit einer Bagatellisierung,

- mit einer Alternative,
- mit einer Ablenkung,
- mit einer eigenen Unmutsbekundung,
- mit einer eigenen Gefühlsentlastung,
- mit einer Bewertung,
- usw.

Jedes elterliche Verhalten ist eine Antwort

Immer, auch wenn die hörbare Sprache ausgeschaltet wird oder ist, empfinden Menschen – Kinder und Erwachsene gleichermaßen – jegliches Verhalten der anderen Person als Antwort. So ist zum Beispiel das Nichterscheinen der Eltern auf das Schreien eines Kindes, eines Babys selbstverständlich auch eine Antwort. Ebenso das Aufstehen während eines Streites, das Nichts-Sagen und Verlassen des Raumes, das Zuwerfen einer Tür oder das Zerreißen eines Briefes oder einer Kinderzeichnung, das Zeigen mit dem ausgestreckten Arm und dem geraden Zeigefinger zum Beispiel auf die Tür des Kinderzimmers oder das Hochblicken und Rollen mit den Augen.

Antworten geschehen immer, allein durch die Existenz zweier Menschen, die miteinander in Kontakt sind. Insofern kann es bei der Auseinandersetzung zum Thema »Kinderfragen – Antworten der Erwachsenen« grundsätzlich zwei Ausgangspunkte geben, die allerdings in ihrer Konsequenz deckungsgleich sind. Antworten sind einerseits hörbare Äußerungen der Erwachsenen, andererseits aber auch sichtbare oder unsichtbare Reaktionen, ohne etwas zu hören.

Möglichkeit 1: Das Kind fragt – der Erwachsene spricht. (Das Kind erhält eine Antwort, unabhängig davon, wie sie ausfällt beziehungsweise ob und wie sie das Kind [un]zufrieden macht.)

Möglichkeit 2: Das Kind fragt – der Erwachsene reagiert gar nicht. (Das Kind erhält damit eine Antwort, unabhängig davon, ob der Erwachsene die Frage gehört hat oder nicht gehört »überhört«.)

Möglichkeit 3: Das Kind fragt – der Erwachsene reagiert mit einer Bewegung des Körpers. (Das Kind erhält auch damit eine Antwort und interpretiert diese im Sinne seines Verstehens.)

Im Sinne einer Antwort kommt damit *jede* Reaktion, selbst ein nicht sichtbares Reagieren, einer Antwort gleich!

Stellen wir uns einmal die Situation vor, dass eine Mutter mit ihrem Sohn einen Abendspaziergang macht. Während sie die Straße entlanggehen, bemerken sie durch die angeschalteten Straßenlaternen gar nicht, dass es in kurzer Zeit dunkel geworden ist. Kurz bevor sie wieder zu Hause ankommen, müssen sie noch durch einen kleinen Wald, und plötzlich fragt der Sohn: »Sag mal, Mama, warum ist es hier so dunkel?« Die Mutter kann wieder sehr unterschiedliche Antworten geben, zum Beispiel:

- »... weil es schon acht Uhr abends ist«,
- »... weil hier im Wald keine Laternen stehen«,
- »... weil die Bäume das ganze Licht schlucken«,
- »... weil die Sonne untergegangen ist«,
- »... weil der Mond weniger Licht auf die Erde wirft als die Sonne«,
- »... weil es abends immer dunkel ist«.

Die Mutter könnte aber auch mit einer Gegenfrage antworten, zum Beispiel:

- »Hast du vielleicht Angst und fürchtest dich vor der Dunkelheit?«
- »Hast du schon mal darauf geachtet, dass es an den Straßen Laternen gab und hier im Wald nicht?«
- »Weißt du denn nicht, dass der Mond weniger Licht auf die Erde bringt als tagsüber die Sonne?«

Außerdem hätte die Mutter die Möglichkeit, mit einer Aussage zu antworten, etwa:

- »Du hast doch sonst keine Angst im Dunkeln.«
- »Du brauchst jetzt keine Angst zu haben – ich bin ja bei dir.«
- »Dann lass uns schneller gehen, umso eher sind wir auch zu Hause.«
- »Der Waldweg ist so breit, dass immer noch genügend Licht da ist und wir den Weg gut sehen können.«
- »Wenn du auf den Weg achtest, dann wird keiner von uns stolpern.«
- »Wenn du jetzt an eine schöne Geschichte denkst, dann ist der Weg durch den Wald viel kürzer als sonst.«

Wie kann es nun geschehen, dass jede Frage zugleich sehr viele Antworten möglich macht und zulässt? Dieser Umstand ist leicht zu erklären: Es kommt darauf an, *wie* eine Frage eines Kindes gehört wird und was die erwachsene Person *glaubt, was* das Kind mit seiner Frage bezwecken könnte. Dabei ist es nur in den wenigsten Fällen so, dass Erwachsene sich bewusst die Frage stellen, was in diesem Augenblick wohl das Kind bewegt, genau *diese* Frage an sie

71

zu richten. Vielmehr hören wir aus jeder Frage unbewusst und blitzschnell etwas sehr Bestimmtes heraus. Und das wiederum bringt Erwachsene dazu, eine *bestimmte* Antwort zu geben.

Ein einfaches Kommunikationsmodell

Der Psychologe Friedemann Schulz von Thun hat ein Modell entwickelt, das dabei helfen wird, Ordnung in die Art der Antworten zu bringen. Thun und seinen MitarbeiterInnen ist aufgefallen, dass sehr viele Konflikte dadurch entstehen, dass zum Beispiel Gesprächsverläufe oder Konflikte ungünstig verlaufen, weil Aussagen oder Fragen unter ganz bestimmten Schwerpunkten »interpretiert« wurden oder werden. Diese wiederum bergen viele Fehler in sich.

Zunächst können wir die Kommunikation zwischen Kindern und Eltern – wie natürlich auch zwischen Kindern und Kindern sowie Eltern und Eltern – ganz einfach wie folgt darstellen:

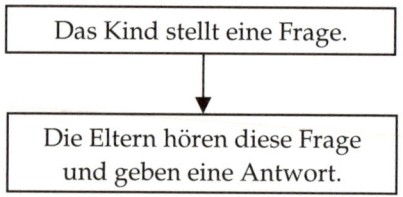

Da jede Frage eines Kindes auch ihren bestimmten Sinn für das Kind hat, möchte es gerne, dass dieser Sinn auch vom Erwachsenen verstanden wird. Der Erwachsene wiederum nimmt die Frage des Kindes unter dem Aspekt *seines* Hörens wahr und gibt eine entsprechende Antwort.

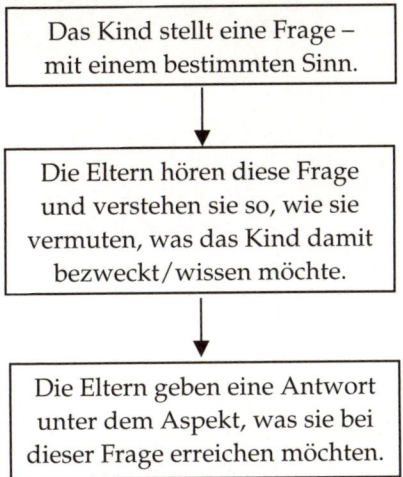

Das Kind stellt eine Frage – mit einem bestimmten Sinn.

Die Eltern hören diese Frage und verstehen sie so, wie sie vermuten, was das Kind damit bezweckt/wissen möchte.

Die Eltern geben eine Antwort unter dem Aspekt, was sie bei dieser Frage erreichen möchten.

Kommen wir auf das Beispiel mit dem Kind und seiner Mutter zurück, die durch den kleinen Wald im Dunkeln gehen.

Es kann sein, dass das Kind mit der Frage, warum es hier so dunkel ist, eine Antwort wünscht, die zeigt, dass die Mutter seine Angst wahrnimmt. Diese wiederum hört die Frage ihres Sohnes unter dem Aspekt, dass er wissen möchte, wieso es plötzlich zwischen den Bäumen gedämpfteres Licht gibt als beim Spaziergang durch die Straßen. So entscheidet sie sich, ihre Antwort darauf auszurichten, und sie erklärt, dass die Kronen der Bäume, die den Waldweg überdecken, das Restlicht der Abenddämmerung schlucken.

Es ist klar, dass zwischen dem Sinn der Kinderfrage (!) und der gegebenen Antwort der Mutter keine Deckungsgleichheit besteht, mit der wahrscheinlichen Folge, dass das Kind entsprechend unzufrieden mit der Antwort ist und entweder ein zweites Mal nachfragt oder zum Beispiel innerlich resigniert mit der Erkenntnis »Mama hat mich nicht verstanden«.

Dieses Beispiel sieht in einer Übersicht wie folgt aus:

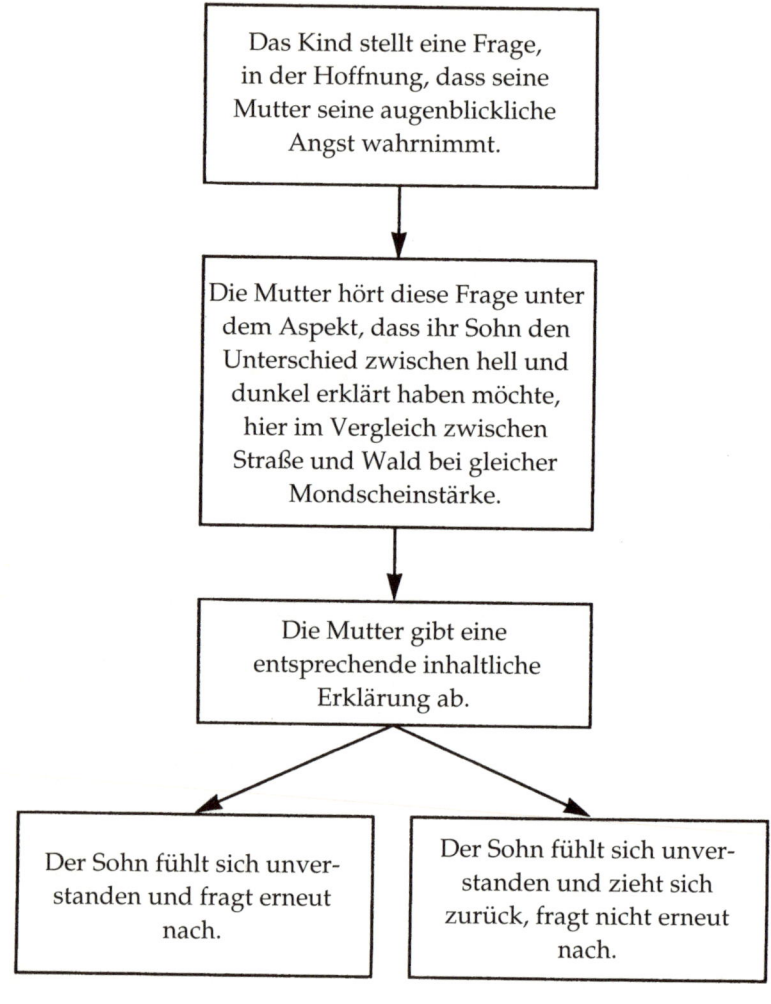

Die Mehrdeutigkeit einer Frage hat vielerlei Hintergründe. Zum einen leben Kinder – wie jeder Erwachsene auch – in ihrer eigenen Welt mit ihren eigenen Erfahrungen und Gefühlen, Gedanken und Sorgen. Ihre Fragen sind dabei jeweils ein *augenblicklicher* Zustand ihrer *derzeitigen* Gefühle, die durch bestimmte Auslöser hervorgerufen werden – wie in dem Beispiel: Das Kind

- kann sich zum Beispiel in diesem Augenblick an eine Fernsehszene, einen Kassettenausschnitt oder ein Bilderbuch erinnern, wo es möglicherweise um Dunkelheit in einem Wald ging und die dort beteiligten Personen Angst gehabt haben;
- kann auf dem bisherigen Spaziergang ganz in Gedanken versunken gewesen sein, die langsam aufkommende Dunkelheit gar nicht bemerkt haben und jetzt plötzlich den Unterschied zwischen hell und dunkel spüren;
- hat vielleicht ein ungewohntes Geräusch im Wald gehört und drückt seine Angst mit dieser Frage aus;
- kann vielleicht den veränderten Gesichtsausdruck der Mutter wahrgenommen haben und spürt dabei solidarisch ihr Unwohlsein mit;
- erinnert sich vielleicht an die Dunkelheit in der Geisterbahn, als es mit seinen Freunden auf dem Jahrmarkt war und dasselbe Gefühl von Einsamkeit gespürt hat wie in diesem Augenblick;
- denkt vielleicht an die Situation, als das Licht im Elternhaus während eines starken Gewitters ausgefallen ist und alle Zimmer in tiefer Dunkelheit lagen;
- spürt vielleicht dieselbe Angst, die es hatte, als im Kindergarten die »Geschichte vom Waldgeist« vorgelesen wurde;

- erinnert sich unter Umständen an das Märchen von »Hänsel und Gretel«, wie es da für die Kinder gewesen sein muss, ohne Eltern im Wald herumzuirren;
- kann sich vielleicht an die Geschichte seines Freundes erinnern, der ihm einmal erzählte, dass abends die »wilden Tiere« aus ihren Waldverstecken herauskommen und die Menschen beobachten;
- spürt vielleicht in diesem Augenblick eine vergleichbare Einsamkeit wie in der Situation, als es während einer Klassenarbeit nicht mehr weiterwusste;
- macht sich vielleicht darüber Gedanken, dass demnächst mit seiner Pfadfindergruppe eine Nachtwanderung geplant ist und es dort vielleicht ähnlich dunkel und düster sein wird;
- ist vielleicht darüber irritiert, dass bei einem vergangenen Spaziergang deutlich die Sterne am Himmel zu sehen waren und heute der Himmel wolkenverdeckt ist;
- hat vielleicht Hunger bekommen und möchte möglichst schnell nach Hause, um endlich essen zu können, hat aber Angst, dass sie den richtigen Weg verfehlen, sodass es mit einem baldigen Essen nichts wird;
- bemerkt vielleicht, dass die bisher wahrgenommenen Vogelstimmen immer weniger zu hören sind und die tiefe Stille Angst erzeugt.

In gleicher Weise geht es der Mutter, die ebenfalls in ihrer *derzeitigen* Verfassung *aktuelle* Gedanken und Gefühle hat und auf *ihre* Weise spontan die Frage ihres Sohnes versteht und entsprechend beantwortet. Vielleicht

- spürt sie seine Angst und glaubt, ihn schnell auf andere Gedanken bringen zu müssen, sodass sie vorschlägt, jetzt an eine schöne Geschichte zu denken;

- glaubt sie zu bemerken, dass er möglichst schnell nach Hause möchte, und schlägt daher vor, gut auf den Weg zu achten, damit keiner stolpern muss;
- hat sie selber in diesem Augenblick Angst und möchte sich und ihrem Sohn Mut machen, sodass sie ihn daran erinnert, sie sei ja bei ihm und deshalb brauche er keine Angst zu haben;
- hat sie aber auch die Ruhe des Waldes und das angenehme Gefühl des Spaziergangs genossen und ist über die Frage ihres Sohnes aus ihren Gedanken herausgerissen worden, mit der Folge, dass sie die Frage ihres Sohnes bewertet und bagatellisiert;
- denkt sie aber auch, dass es gut ist, wie ihr Sohn diesen Unterschied von hell und dunkel bemerkt, und aus der Frage leitet sie ab, dass ihr Sohn ein Interesse an einer sachlichen Aufklärung hat, sodass sie mit einer Information antwortet;
- hält sie die Frage ihres Sohnes aber auch für überflüssig und dumm, in der Erkenntnis, dass er sich diese Frage selber beantworten könne, und reagiert daher mit einem Vorwurf.

Fragen und Antworten sind damit immer auch ein Spiegelbild der Einstellung der Kinder und Erwachsenen, was sie voneinander halten und wie gut, schlecht oder problematisch ihre Beziehung zueinander ist.

Wenn wir diese Aussagen auf das anfängliche Beispiel übertragen, kann folgendes Bild einen zusammenfassenden Überblick geben:

Das Kind stellt deshalb eine Frage,

- weil es vor ein inneres Problem gestellt ist, das es lösen möchte;
- gleichzeitig kann die Frage etwas zu tun haben mit vergangenen Erfahrungen, augenblicklichen Gefühlen oder mit Gedanken an die Zukunft.

Die Mutter versteht die Frage des Kindes auf dem Hintergrund ihrer

- bisherigen Erfahrungen mit dem Kind in ähnlichen Situationen,
- erlebten Beziehung zu ihrem Kind,
- eigenen Verfassung (Zufriedenheit/Unzufriedenheit),
- Vermutung, was das Kind mit seiner Frage bezwecken könnte,

und gibt eine entsprechende ANTWORT.

Sachaspekt, Beziehung, Appell und Selbstoffenbarung ...

Aufgrund der vielen Möglichkeiten, eine Kinderfrage zu verstehen, und durch die Vielfalt der Antwortmöglichkeiten, auf eine Kinderfrage zu reagieren, möchte ich an dieser Stelle wieder auf den Kommunikationswissenschaftler Schulz von Thun zurückkommen. Er hat beim Versuch einer Ordnung, sprachliche Aussagen (also auch Fragen) ebenso wie nicht sprachliche Verhaltensweisen zu verstehen, ein Modell entwickelt, das das »Vier-Ohren-Modell« genannt wird.

Schulz von Thun sieht die Ausstattung des Menschen mit seinen zwei Ohren als ein gewisses Defizit an, bedingen diese zwei Ohren doch die Gefahr, immer nur einen Teil der Bedeutung des Gesagten zu verstehen, weil in den gesprochenen Worten sehr viel mehr an Inhalten und Aussagen versteckt ist, als es auf »den ersten Blick« zu hören gibt.

Erinnern wir uns an das Beispiel von Anna (siehe Seite 15 ff.), die wütend über die Tatsache ist, dass ihre größere Schwester Stephanie länger als sie aufbleiben darf und dann zusätzlich noch mit Erlaubnis der Eltern im Bett länger lesen darf. Die Frage von Anna umfasst ein ganzes Bündel von Aussagen, mit dem sie ihre Eltern konfrontiert, und die Eltern stehen nun vor der schwierigen Aufgabe, ganz viele Dinge wahrzunehmen und sich zu entscheiden, worauf sie in ihrer Antwort wiederum eingehen wollen.

Sachaspekt
Zum einen stellt Anna mit ihrer Frage die Information vor, dass es zwischen ihr und der Schwester Stephanie einen Unterschied gibt, nämlich die Tatsache, dass ihre Schwester einerseits das Recht hat, später als sie ins Bett zu gehen, andererseits das Licht an ihrem Bett länger brennen lassen darf, um zu lesen. Sie informiert ihre Eltern durch ihre Frage gleichzeitig darüber, dass dieser Unterschied für sie nicht verständlich ist.

Beziehung
In dieser Frage drückt Anna sowohl mit ihren Worten als auch durch ihren Tonfall, ihren Blick und ihre Körperhaltung aus, was sie von ihren Eltern hält, die diesen Unterschied per Absprache oder Anordnung zu einer festen Regel innerhalb der Familie gemacht haben. Ganz offensicht-

lich findet sie die Regel ungerecht, und da es nun einmal ihre Eltern sind, die diese Absprache durchgesetzt haben (und wahrscheinlich weiterhin aufrechterhalten wollen), setzt Anna die Regel mit den Eltern gleich.

Ganz offensichtlich findet sie ihre Eltern daher »gemein« und blickt sie daher auch mit zusammengekniffenen Augen und den in ihren Hüften aufgestützten Händen vorwurfsvoll an. Für Anna tragen die Eltern die Verantwortung und sind daher »schuldig« an ihrem Ärger. Also bekommen Vater und Mutter jetzt auch die Schuld übertragen. Anna kennt das auch aus anderen Situationen, wo die Eltern ihr immer etwas klar machen wollen, ohne dass sich im Endeffekt etwas für sie ändert. Anna ist davon überzeugt, dass sie mit ihrer Frage Recht hat und ihre Eltern im Unrecht sind.

Appell

Natürlich stellt Anna ihre Frage nicht nur aus dem Grund, um in Erfahrung zu bringen, warum ihre Schwester Stephanie einerseits länger als sie aufbleiben darf und andererseits das Recht hat, länger im Bett zu lesen. Vielmehr möchte sie auch ihre Eltern dazu veranlassen, nochmals die Regel oder Absprache zu überdenken und letztlich zu erlauben, dass sie genauso lange aufbleiben und im Bett lesen darf wie Stephanie.

Würde sie ihre Frage anders stellen, nämlich »Darf ich ebenso lange aufbleiben und im Bett lesen wie Stephanie?«, dann wäre die Chance groß, dass ihre Eltern mit einem schlichten »Nein!« antworten würden. Annas Frage kann daher als ein »indirekter Versuch« bezeichnet werden, ihr Ziel vielleicht besser zu erreichen.

In der Erwachsenenwelt sind solche Fragen auch üblich. Erinnert sei zum Beispiel an

- eine Zusammenkunft in einem Raum, in dem die Luft sehr stickig ist. Wenn hier die Frage an die anwesenden Personen gestellt wird, ob es ihnen nicht auch sehr schwül und warm und die Luft »zum Schneiden« ist, kann dies sehr wohl den Appell enthalten, dass »doch bitte jemand aufstehen möge, um ein Fenster zu öffnen«;

- einen Arbeitnehmer, der seit langem auf eine Gehaltserhöhung hofft, doch trotz aller Wünsche sich keine finanzielle Verbesserung abzeichnet. So kann er zu seinem Chef gehen und mit der Frage beginnen, ob ihm die langjährige Qualität seiner Arbeit gefalle und er wisse, dass er als Arbeitnehmer immerhin schon fünf Jahre fleißig seine Arbeit erledige. Der Appell ist nicht schwer zu erraten, heißt es doch direkt: »Erkenne meine gute Leistung, und honoriere diese mit einer entsprechenden Gehaltserhöhung«;

- einen Ehemann, der von der Tagesarbeit entsprechend geschafft nach Hause kommt und sich erschöpft auf den Küchenstuhl fallen lässt. Statt zu sehen, dass zum Beispiel auch seine Frau einen gleich schweren Arbeitstag hinter sich hat, stellt er die Frage, ob wohl im Kühlschrank ein kaltes Bier stehen würde. Sein Appell an seine Frau ist klar: »Sei so lieb, steh bitte auf, und hole mir eine Flasche Bier aus dem Kühlschrank.« So formuliert besteht natürlich die »Gefahr«, dass die Frau berechtigterweise kontert, er möge sich selber sein Getränk holen;

- einen Einkaufsbummel der Familie, bei dem es darum geht, dass die beiden Kinder neue Jacken brauchen. Die Eltern sind es gewohnt, die ausgezeichneten Preise nicht unwidersprochen hinzunehmen, zumal sie es des Öfteren erlebt haben, dass VerkäuferInnen einen kleinen Preisnachlass einräumen. So fragt die Mutter wie selbstverständlich, ob die Jackenpreise nicht doch etwas überhöht seien, zumal sie bei einem günstigeren Preis durchaus die Jacken kaufen würden. Im Klartext eines Appells heißt das:»Kommen Sie mir bitte mit einem Preisnachlass entgegen. Räumen Sie mir entsprechende Prozente ein«;

- eine Autopanne, bei der der Fahrer neben seinem liegen gebliebenen Pkw steht und Hilfe suchend die vorbeifahrenden Autofahrer anschaut. Sein Blick kann dabei als ein Appell verstanden werden wie etwa:»Bleib stehen! Hilf mir, meinen Wagen wieder flottzumachen«;

- einen Vortrag, an dem viele Menschen teilnehmen. Leider ist der Referent sowohl mit seiner Fachlichkeit nicht topaktuell als auch mit der Art seines Vortrags, sodass viele ZuhörerInnen mit leisem Räuspern oder dem Rücken der Stühle ihren Unmut und ihre Langeweile äußern. Im Klartext steckt darin der Appell:»Nun komm langsam zum Ende. Hör auf zu reden, oder bringe mal etwas Pep in dein Referat«;

- eine Ehefrau, die mit ihrem Mann die Absprache getroffen hat, abwechselnd die Wäsche zu erledigen. Als sie im Keller den Wäscheberg gesehen hat, geht sie zu ihrem Mann und fragt, ob ihm aufgefallen sei, dass sich der Wäscheberg im Keller inzwischen zu einer beachtlichen Pyramide entwickelt habe. Der eigentliche Appell ist klar:»Geh mal nach unten und schau dir die Wäschemenge an. Halte dich bitte an unsere gemeinsame Absprache. Nimm dir bitte für heute Abend unbedingt vor, die Wäsche zu waschen«;

- die Ehefrau, die ebenso wie ihr Mann beruflich sehr eingespannt ist, allerdings mit dem Unterschied, dass sich ihr Mann nicht so gut von seiner Tätigkeit abgrenzen kann wie sie. Ständig bringt er Arbeit mit nach Hause, sitzt an den Abenden am Schreibtisch, und selbst an den freien Tagen verbringt er viele Stunden damit, Aktenordner zu wälzen und für die Firma Berechnungen vorzunehmen. Schließlich sagt sie zu ihm: »Unsere Nachbarn, die Müllers, sitzen abends fast immer auf ihrer Veranda, haben Besuch oder grillen, lachen miteinander und freuen sich. Letztens erzählte sogar Frau Müller, dass sie in diesem Jahr zum zweiten Mal in Urlaub fahren.« Auch hier ist der »versteckte« Appell deutlich zu hören: »Nimm dir ein Beispiel an unseren Nachbarn. Verbringe die Abende mit mir oder mit unseren Freunden und nicht mit deinen Akten. Fahr mal mit mir in den Urlaub, und mache deine freien Tage nicht zu zusätzlichen Arbeitstagen. Entspanne und lass die Arbeit zu Hause endlich liegen. Trenne Beruf und Freizeit. Schaff das auf der Arbeit weg, was du kannst, und lass das andere liegen. Lerne zu leben.«

Selbstoffenbarung

Anna gibt ihren Eltern nicht nur Hinweise darauf, was sie sich wünscht und worüber sie sich Gedanken macht beziehungsweise was sie von ihren Eltern hält. Sie sagt auch etwas zu ihren Gefühlen und darüber, wie es ihr geht. So gibt sie von sich selber kund, dass sie sicherlich über den Umstand des Länger-Aufbleibens und Länger-lesen-Dürfens ihrer Schwester

- wütend ist und sie sich über die von ihr so empfundene Ungerechtigkeit ärgert;
- Wut darüber empfindet, dass aus ihrer Sicht die Schwester (immer) vorgezogen wird und Privilegien besitzt, die sie nie erreichen wird;

- Trauer darüber spürt, dass sich bei jeder Diskussion zwar ihre Eltern mit ihren Wünschen auseinander setzen, letztlich sich aber keine für sie akzeptablen Regelveränderungen ergeben;
- wütend darüber ist, dass jüngere Kinder im Vergleich zu älteren Kindern grundsätzlich weniger dürfen und daher durch ihr Jungsein im Nachteil sind, obgleich sie selber dafür nichts können;
- Wut darüber erlebt, dass ihre Eltern regelrecht auf sie einreden und gar nicht spüren, wie schwer es für sie zu ertragen ist, sich zurückgesetzt zu fühlen.

Diese vier Aspekte Sachinhalt, Beziehung, Appell und Selbstoffenbarung begleiten immer alle Aussagen, Anmerkungen und Fragen, unabhängig davon, *wie* eine Frage verstanden werden soll, zumal der Hörer durch seine Antwort entschieden hat, welchen Aspekt der Frage er nun herausgehört hat, heraushören wollte oder nur heraushören konnte.

Theoretisch haben Eltern und Kinder die Möglichkeit, alle vier Schwerpunkte einer Frage »herauszuhören«, um sich dann zu entscheiden, auf welcher Ebene sie antworten möchten. Doch sprechen in der Praxis gegen diese »freie Auswahl des Hörens« einige Punkte:

1. Weil Menschen keine Maschinen oder technische Automaten sind, die entsprechend für bestimmte Aufgaben oder Zeiten programmierbar gemacht werden können (Gott sei Dank!), reagieren sie selbstverständlich menschlich, also in gewisser Weise unberechenbar – einmal so und ein weiteres Mal anders.

2. Würden Menschen bei allen Kinderfragen ständig versuchen, diese vier Aspekte herauszuhören, würde jedwede Spontaneität verloren gehen und Menschlichkeit auf der Strecke bleiben.

3. Jeder Mensch hat im Laufe seines Lebens – durch die eigene Kindheit, durch ständige Erfahrungen und die »Spuren des Lebens« – ein jeweils für ihn passendes Muster erlernt, das ihn dazu führt, bestimmte Dinge und Fragen unter einem jeweils bestimmten Aspekt zu hören.

Angenommen, eine Familie hat – aus welchen Gründen auch immer – relativ wenig Geld zur Verfügung. Dann heißt es für die gesamte Familie, sparsam und durchdacht mit dem Geld umzugehen. Wenn beispielsweise die Kinder dieser Familie mit großen Augen durch die Spielzeugläden gehen und zu ihren Eltern sagen, dass dieses oder jenes Spielzeug »wirklich schön« ist, dann hören die Eltern vielleicht jedes Mal die Enttäuschung der Kinder (als Selbstoffenbarung), wie schade und traurig sie sind, dass für das Spielzeug kein Geld ausgegeben werden kann.

Oder denken wir an ein Kind, das durch die Regelung des Sorgerechts bei seiner Mutter lebt und immer, wenn es vom Besuchstag seines Vaters nach Hause kommt, stolz davon berichtet, welch »tolle Sachen Papa mit mir unternommen hat«. Die Mutter hört dann wahrscheinlich, dass es bei Papa »schöner« war beziehungsweise ist als bei ihr (Beziehungsaspekt), und wird entsprechend reagieren. Dies, obgleich auch hier alle vier Aspekte der Hörens möglich waren beziehungsweise sind.

Hörmuster prägen ein bestimmtes Hören der Frage, der Aussage, und lassen ein anderes »Hören-Können«

nicht oder kaum zu. So hätte zum Beispiel die Mutter auch wahrnehmen können, dass ihre Tochter sagt: »Bei Papa hat es mir richtig gut gefallen. Es ging mir gut, und wir haben uns wohl gefühlt. Dass ich heute bei ihm war, darüber habe ich mich gefreut.« (= Selbstoffenbarung)

Gleichzeitig hätte die Mutter aber auch einen Appell aus dem Kurzbericht ihrer Tochter heraushören können, wie etwa Folgendes: »Mach doch bitte auch so schöne Sachen mit mir. Hab auch mehr Zeit für mich, und frag mich mal, was ich gerne erleben würde. Fahr doch auch mal mit mir weg und hab Spaß mit mir.«

Neben diesem Hören könnte die Mutter selbstverständlich auch die reine Information heraushören, die in einer Aussage steckt wie »Papa hat dafür gesorgt, dass der Sonntag zu einem guten Erlebnis wurde. Es wurden Dinge unternommen, die mit Freude und Spaß verbunden waren. Ein gelungener Sonntag durch und durch.«

4. Da Kinder und Eltern immer in einer besonderen Beziehung zueinander stehen, in der es Hunderte offener und ebenso viele verdeckte Regeln im Umgang miteinander gibt, erfordert ein wahrnehmungsoffenes Hören (auf allen vier Ohren) im Grunde genommen eine völlige Einstellung nur auf diese eine Situation unter Vernachlässigung der bisherigen Erfahrungen, die die Beziehung geprägt haben. Das ist natürlich nicht ohne weiteres und spontan in diesem einen Augenblick möglich. Vielmehr führt die Art und Weise (Qualität) der bisherigen Beziehung dazu, in ähnlicher Form zu reagieren, wie es in vergangenen Situationen üblich war.

5. Das Hören einer Frage kann in dem Augenblick geschehen, wenn es den Eltern passt – weil sie gerade Zeit haben – oder wenn die Frage für sie sehr ungelegen kommt – weil sie etwa selber unter Anspannung stehen. Damit ist eine Antwort auch immer zugleich von der augenblicklichen Befindlichkeit der Eltern abhängig.

Ein Beispiel dazu: Eltern werden beim Einkaufsbummel, wenn sie zum Beispiel ihre Einkaufsvorhaben zufrieden stellend erledigt haben, anders auf die Frage ihres Kindes reagieren, wenn es ein Eis haben möchte, als in dem Augenblick, wenn alle bisherigen Bemühungen, etwas Passendes zu kaufen, fehlgeschlagen sind und die Uhr darauf hinweist, dass in einer halben Stunde die Geschäfte schließen.

6. Und schließlich hat sich unsere Sprache weitestgehend automatisiert, das heißt, viele Menschen stellen gar keine großen Überlegungen darüber an, was hinter einer Frage ihres Kindes stecken könnte. Vielmehr kommt die Antwort »spontan« und konfrontiert damit die Kinder mit der Wucht einer unreflektierten Äußerung.

Wie anhand der Beispiele und unter Zuhilfenahme des Kommunikationsmodells von Schulz von Thun dargestellt wurde, gibt es also ganz unterschiedliche Formen des Verstehens einer Frage (wie auch eines *jeden* Satzes, den ein Mensch spricht). Im Überblick sieht es so aus:

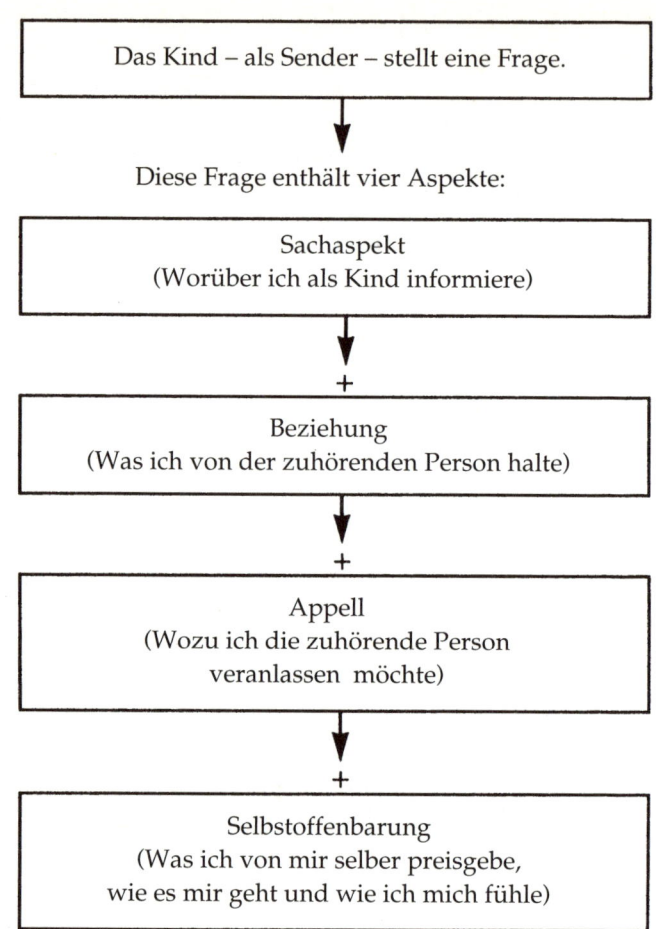

Das Kind – als Sender – stellt eine Frage.

Diese Frage enthält vier Aspekte:

Sachaspekt
(Worüber ich als Kind informiere)

+

Beziehung
(Was ich von der zuhörenden Person halte)

+

Appell
(Wozu ich die zuhörende Person
veranlassen möchte)

+

Selbstoffenbarung
(Was ich von mir selber preisgebe,
wie es mir geht und wie ich mich fühle)

... und die zugehörigen »Ohren«

Die Eltern – Vater und/oder Mutter – nehmen die Frage ihres Kindes wahr und entscheiden blitzschnell, wie sie auf die Frage reagieren. Dabei haben sie entweder dem Sachaspekt, der Beziehung, dem Appell oder der Selbstoffenbarung ihre »Hörbedeutung« geschenkt.

Angenommen, das Kind schaut seine Eltern freundlich an, ist nicht gereizt oder fordernd und würde sich einfach über ein Eis freuen, wenn es fragt: »Kann ich bitte ein Eis bekommen?«, dann könnten die Eltern wie folgt antworten

- (wenn die Frage auf dem »Sachohr« gehört wurde): »Eis ist sicherlich bei dieser Hitze eine gute Erfrischung.« Diese etwas gestelzte und umständliche Formulierung würde aller Voraussicht nach das Kind zu einer leichten Explosion bringen.
- (wenn die Frage auf dem »Beziehungsohr« gehört wurde): »Du weißt doch, dass du dafür dein Taschengeld hast, und es ist nicht so, dass wir ständig für deine Naschereien aufkommen«, *oder:* »Wenn du uns schon so lieb fragst, dann können wir ja gar nicht anders als Ja sagen.«
- (wenn die Frage auf dem »Appellohr« gehört wurde): »Wenn du glaubst, ich stell mich in der langen Warteschlange an, um dir ein Eis zu holen, dann liegst du falsch. Hier hast du zwei Mark und kannst dir gerne selber ein Eis holen. Wir gehen inzwischen langsam weiter«, *oder:* »Schau mal in dein eigenes Portemonnaie. Da müssten doch noch die fünf Mark von Opa sein, die er dir beim letzten Besuch geschenkt hat. Von unserem Geld zahlen wir das Eis nicht.«

● (wenn die Frage auf dem »Selbstoffenbarungsohr« gehört wurde): »Jetzt ein Eis bei dieser Hitze, das würde dir gefallen. Guck mal, ob du es von deinem eigenen Geld bezahlen kannst oder ob wir dir die zwei Mark auslegen sollen.«

Bei der Antwort auf die Frage eines Kindes hat jedes »Ohr« seine Vor- beziehungsweise Nachteile.

Konzentrieren wir uns zunächst auf das »Sachohr-Hören«. Dabei fällt auf, dass es um ein Wahrnehmen einer reinen Information geht, bei der die Sachlichkeit oberste Priorität hat. Alle anderen »Hör-Aspekte« bleiben außen vor. Weder wird hier ein Appell aufgegriffen, noch spielt die besondere Beziehung eine Rolle, noch geht es darum, wie es dem Kind im Augenblick geht.

Ein Beispiel: Ein Kind hat draußen gespielt und kommt plötzlich nach Hause, obgleich die Eltern davon überzeugt sind, dass es viel lieber mit seinem Freund den weiteren Nachmittag verbracht hätte. Die Eltern öffnen die Tür und sehen ihr Kind mit leicht aufgeschlagenen Knien. Es hat sich beim Spielen verletzt. Das Kind steht in der Tür und weint leise vor sich hin. »Sachohr-Eltern« würden dann zum Beispiel sagen:

»Hinfallen beim Spielen kann immer passieren, und kleine Wunden erhöhen die Widerstandskraft des Körpers.« Oder: »Deine Knie sind etwas aufgeschlagen, und Wunden müssen versorgt werden, damit keine Entzündungen entstehen können.« Oder: »Du stehst an der Tür und weinst. Vielleicht willst du berichten, was passiert ist.«

Man merkt sicherlich sehr schnell, wie solche Antworten auf Kinder wirken. Sie haben den Eindruck, dass die Eltern gefühllos und unbeteiligt reagieren, wenn der jeweilige Umstand, um den es geht, und das Problem, das das

Kind gerade hat, nur unter einem Sachaspekt bemerkt werden. Gefühle sind nicht gefragt, und die Beziehung ähnelt der Hitze eines Eisberges.

Trotzdem hat das Sachohr-Hören zunächst auch einen Vorteil (gemeint ist hiermit *nicht* das Antworten auf den Sachaspekt): Solches Unbeteiligtsein fördert eine sachliche Sichtweise der problematischen Umstände und verhindert Panik oder andere gefühlsüberwältigende Ereignisse. Indem Beziehungs-, Appell- und Selbstoffenbarungsaspekte zunächst ausgeklammert werden, ermöglicht dies dem Hörer (Empfänger), sachlich zu reagieren und nicht – selbst bei dramatischen Ereignissen – den Kopf zu verlieren. Auf der anderen Seite fühlen sich Kinder dadurch unverstanden und in ihrer Gefühlswelt missachtet.

Das Hören auf dem *»Beziehungsohr«* ist weitaus weniger sachlich und geprägt durch die Qualität der Zwischenmenschlichkeit.

Gehen wir zunächst vom Beispiel des weinenden Kindes aus, dann könnte die Mutter etwa antworten:»Wie gut, dass du gleich nach Hause gekommen bist. Du weißt ja, dass ich bei allem, was dir passiert, immer für dich da bin.« Die Mutter nimmt das Kind an die Hand und führt es langsam in die Küche, wo es sich hinsetzen kann und erst mal einen Kräftigungsschluck von der Limonade bekommt. Das Kind fühlt sich durch diese Art der Antwort angenommen und spürt, dass es nicht alleine ist.

Gleichzeitig ist aber auch eine andere Qualität einer Beziehungsaussage möglich, wenn die Mutter zum Beispiel genervt auf die plötzliche Störung reagiert. So könnte sie das Kind mit folgenden Worten »begrüßen«: »Hab ich dir nicht hundertmal gesagt, dass du nicht so wild herumrennen sollst. Aber nein, mein › Herr Sohn‹ will ja einfach nicht hören, sondern lieber das tun, was ihm wichtig ist. Jetzt haben wir die Bescherung – du hast deine aufgeschlagenen Knie und ich die Aufregung.«

»Beziehungsohr-Aussagen« sind mit allerlei Wertungen und Vermutungen versehen, sodass sehr häufig das Kind zwei Wahrnehmungen machen kann. Im letztgenannten Beispiel erlebt es durch die Art der Antwort deutliche Vorhaltungen beziehungsweise Vorwürfe. Im Beispiel davor spürt es, dass es gut war und ist, wie es sich verhalten hat. Beides beinhaltet jedoch dieselbe Qualität von Empfindungen: *Immer* äußert sich der Elternteil *über* das Kind, sodass an dieser Stelle ein »gutes oder schlechtes Gewissen« seitens des Kindes angesprochen wird.

Das mag an sich nicht problematisch klingen, weil selbstverständlich auch eine Gewissensbildung zu jeder Entwicklung gehört. Gemeint ist aber die Auswirkung im Hinblick auf die Entstehung und Aufrechterhaltung einer Abhängigkeit zwischen Eltern und ihren Kindern. So wird in vielen Fällen den Kindern die Möglichkeit genommen, verantwortlich *für sich* zu handeln und weniger das eigene Tun darauf abzustimmen, wie möglicherweise die Eltern ihr Handeln einschätzen. Solche »inneren Fragen« wie etwa »Werden Mama und Papa sich darüber ärgern, werden sie von mir enttäuscht sein, oder werde ich sie traurig machen?« lassen Kinder mehr darauf achten, was ihre Eltern von ihnen denken beziehungsweise wie es ihren Eltern geht, als dass sie darauf Wert legen, was sie selber von ihrem Tun halten und wie akzeptabel oder inakzeptabel ihr Vorhaben ist.

Besonders problematisch ist dabei die Beziehungsohr-Aussage von Eltern, die mit ihren Antworten nicht nur Abhängigkeiten aufbauen, sondern in sehr ausgeprägter Weise den Kindern ein Schuldempfinden einimpfen. Stellen wir uns die Szene vor, dass ein Kind mit seinen

Freunden sehr gerne draußen spielt und bei gutem Wetter und für ihn interessanten Aktivitäten die abgesprochene Nach-Hause-komm-Zeit vergisst. So erscheint das Kind 30 Minuten später als vereinbart. Die Mutter öffnet die Tür und schaut ihr Kind »nur« an, ohne etwas zu sagen. Das Kind fragt: »Ist irgendwas?«, und die Mutter antwortet: »Junge, ich habe mir schon große Sorgen gemacht. Immer stelle ich mir vor, dass dir was passiert ist, und ich kann dir nur sagen, dass mich deine Unpünktlichkeit eines Tages noch ins Grab bringt.«

Das Hören auf dem »*Appell-Ohr*« verlangt von den Eltern immer eine Aktivität, ein Vorhaben, wodurch sie sich selber veranlasst fühlen, etwas zu tun. Bezogen auf das Beispiel mit dem Kind, das sich die Knie aufgeschlagen hat, würde zum Beispiel die Mutter sagen: »Komm am besten in die Küche und setz dich vorsichtig hin. Ich hol derweil Jod und Verbandszeug und verbinde dann deine Wunden.« Gerade »Appell-Ohren«-hörende Eltern sind immer auf dem Sprung, etwas *für* Kinder zu tun. Bei der Frage des Kindes »Papa, ich weiß gar nicht, was ich spielen kann« würde der Vater viele Spiele nennen, von denen er meint, dass diese möglicherweise dem Kind die Langeweile vertreiben könnten.

Oder die häufig gemachte Beobachtung, dass Kinder, nachdem sie nach dem Schwimmen aus dem Wasser kommen, sich vor ihre Eltern stellen und fragen: »Trocknest du mich ab?«: Obgleich sie von ihrem Alter her durchaus in der Lage wären, selber für sich zu sorgen, stehen die Eltern von ihrem Badelaken auf, holen ein trockenes Handtuch, trocknen die Kinder ab, ziehen ihnen die nasse Badehose aus, lassen sie eine trockene Badehose anziehen und cremen sie auch an den Stellen mit Sonnenmilch ein, die die Kinder selber eincremen können. (Um bei diesem Beispiel keine Irritation entstehen zu lassen: Es geht hier *nicht* um den Umstand, dass Eltern selbstverständlich auch mal etwas für ihre Kinder tun können. Vielmehr geht es um Tätigkeiten, die Kinder selbstständig für sich im Sinne einer Selbstaktivität durchaus allein erledigen können.)

Oder Kinder stehen während des Urlaubs abends am Büfett und schauen lustlos auf die Fülle der Speisen. Eltern mit einem »Appell-Ohr« glauben dann aus dem Warten des Kindes den Satz »Hilf mir!« zu entziffern. Und schon beginnen sie damit, ihr Kind von bestimmten Speisen überzeugen zu wollen: »Guck mal, da gibt's doch Nudeln mit Tomatensoße. Das isst du doch zu Hause immer so gerne. Oder hier hast du kleine Frikadellen.« Und während das Kind weiter suchend seine Blicke über die vielen Speisen schweifen lässt, reden manche Eltern weiter auf das Kind ein. »Schau mal, hier gibt es sogar ganz leckere Salate. Vielleicht möchtest du die mal probieren.« Erwartungsvoll blicken die Eltern ihr Kind an. Eltern setzen sich damit erheblich selber unter Stress!

Das Hören auf dem *»Selbstoffenbarungs-Ohr«* verlangt von den Eltern die Bereitschaft, deutlich zu spüren, *wie* es einem Kind gerade gefühlsmäßig geht, wie ihm zumute ist und wie es *seine* augenblickliche Situation erlebt. Kommen wir auch hier auf das Beispiel mit dem Kind und seinen aufgeschlagenen Knien zurück. Die Tränen des Jungen und sein Stehen vor der Tür drücken Trauer aus, sodass die Mutter zum Beispiel sagen könnte: »Oliver, da hast du dir aber ordentlich wehgetan. Du weinst und bist traurig.« Ein Hören auf dem »Selbstoffenbarungs-Ohr« erfordert, gedanklich kurzfristig in die Gefühlswelt eines Kindes kurzfristig »einzutauchen« und zu verstehen, *was* das Kind mit seinen Gefühlen ausdrückt. Das geschieht auf der Grundlage des Wissens, dass Kinder aus ihren Gefühlen heraus die Welt verstehen möchten und daher auch in ihren Gefühlen verstanden werden wollen.

Ergebnisse der Persönlichkeitspsychologie weisen in dem Zusammenhang auf die vier Grundgefühle hin, die unser Verhalten bestimmen:

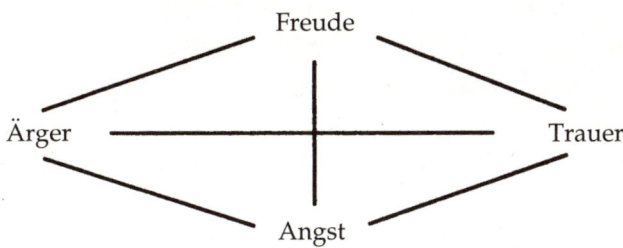

Der große Vorteil des Hörens auf dem »Selbstoffenbarungs-Ohr« liegt zweifelsohne darin, dass Kinder die Erfahrung machen, dass Erwachsene die Ebene des Kindes bemerken und *nicht*

- das Geschehen, das Problem sachlich analysieren und daher nur »kopforientiert« antworten;
- den Umstand möglichst schnell verändern wollen (Ablenkungen werden ein Problem nie lösen, sondern nur überdecken oder verschieben);
- sofort das Geschehene auf die eigene Erwachsenenebene übertragen und diese dann in einem »Beziehungsgeflecht« mit dem Kind austragen.

Ein Nachteil des Hörens auf dem »Selbstoffenbarungs-Ohr« kann aber darin liegen, wenn dies *immer* (ausschließlich) geschieht. Dann würde der auf diesem »Ohr« Hörende ständig das spüren, was den anderen beschäftigt und was er von sich selber preisgibt, ohne darauf zu achten, was er als Erwachsener selber möchte. Da allerdings Erwachsene nur in einem sehr geringen Maße auf diesem »Ohr« hören, sollte es sie nicht davon abhalten, ihr Hören mehr auf die Selbstoffenbarung von Kindern zu richten.

Kinderfragen können also von Erwachsenen sehr unterschiedlich gehört und verstanden werden, und je nach Art des Hörens werden auch die Antworten gegeben.

Das Kind macht dabei grundsätzliche Erfahrungen, die nicht nur seine aktuelle Gefühlswelt, sondern auch sein späteres Leben bestimmen. So kann es erfahren, dass

- die Welt eine völlig rationale Zusammensetzung von Fakten darstellt, die es lediglich kognitiv (also durch Denken) zu erfassen gilt;
- alles, was es tut und wissen möchte, davon abhängig ist, wie gut gelaunt beziehungsweise missmutig Erwachsene ihre Handlungen einschätzen – die damit kundtun, dass das Leben von »Wohlverhalten« oder »Anpassung« bestimmt ist;
- es bei seinem Verhalten, seinem Sprechen und Fragen größtenteils etwas von anderen bekommt, indem diese etwas für es tun (die Gefahr einer starken Konsumausrichtung nach dem Motto »Nur lange genug warten, und andere werden für mich aktiv« sei daher angesprochen);
- Erwachsene durchaus in der Lage sind, seine Gefühle, die hinter den Fragen stecken, ernst zu nehmen, und nicht das Bedürfnis haben, das Kind zu verändern oder durch vernunftorientierte Informationen zu überfordern.

Übungsbeispiele

Vielleicht haben Sie im Folgenden Interesse daran, ein paar Kinderfragen nach dem »Vier-Ohren-Modell« zu differenzieren. Vielleicht vergleichen Sie dann einmal Ihre spontane Antwort mit einer möglichen Antwort aus den vier »Hör-Möglichkeiten«.

Vorab sei das Ganze an einem Beispiel vorgestellt. Ausgangssituation ist, dass Ihr Kind im Garten auf einen Baum geklettert ist und sich etwas ängstlich festhält. Das Kind sitzt wie versteinert auf einem Ast und blickt nach unten.

Sachaspekt
a) Worüber informiert das Kind?
»Festhalten ist ein geeignetes Mittel gegen das Runterfallen.«
b) Sachantwort:
»Wo man raufkommt, kommt man auch runter.«

Appell
a) Wozu möchte Ihr Kind Sie veranlassen?
»Komm rauf und hilf mir!«
b) Apellantwort:
»Beweg dich nicht. Ich komm schon und helfe dir.«

Das Kind fragt:
»Weißt du vielleicht, wie ich hier wieder sicher runterkommen kann?«

Beziehung
a) Was hält das Kind von Ihnen?
»Du bist jemand, der mich nicht allein lässt.«
b) Beziehungsantwort:
»Klar helf ich dir. Da kannst du mal sehen, wozu dein Vater auch gut ist.«

Selbstoffenbarung
a) Welches Gefühl drückt Ihr Kind aus?
»Papa, ich sitz fest und trau mich nicht runterzukommen.«
b) Selbstoffenbarungsantwort:
»Runterklettern ist etwas schwierig. Davor hast du Angst.«

Spontane Antwort:
»Typisch für dich, erst Tarzan spielen und dann rumheulen. Bleib oben, ich komme.« (Appell)

Mögliche Antwort:
»Da oben wäre mir auch etwas mulmig. Versuch mal, den nächstniedrigeren Ast zu fassen, dann kannst du sicher runterkommen.«

Beispiel 1 hat die Ausgangssituation, dass Ihre Tochter oder Ihr Sohn ganz im Spiel vertieft ist und das Spiel im Kinderzimmer noch zu Ende machen möchte, obgleich Sie darum bitten, zum Essen zu erscheinen. Die Speisen sind schon in den Schüsseln.

Sachaspekt
a) Worüber informiert Ihr Kind Sie?
b) Wie würde eine Sachantwort lauten?

Appell
a) Wozu möchte Ihr Kind Sie veranlassen?
b) Wie würde eine Appellantwort lauten?

Das Kind fragt:
»Bitte, Papa, kann ich das Spiel nicht eben noch zu Ende machen?«

Beziehung
a) Was hält das Kind von Ihnen?
b) Wie würde eine Beziehungsantwort lauten?

Selbstoffenbarung
a) Welches Gefühl drückt Ihr Kind aus?
b) Wie würde eine Selbstoffenbarungsantwort lauten?

Spontane Antwort:

Mögliche Antwort nach der »Hör-Differenzierung«:

Beispiel 2 hat die Ausgangssituation, dass Sie Ihrer Tochter beziehungsweise Ihrem Sohn versprochen haben, mit ihr oder ihm am Sonntag zum Baden zu fahren. Nun haben Sie aber etwas anderes vor und können das Versprechen nicht einhalten.

Sachaspekt

a) Worüber informiert Ihr Kind Sie?

b) Wie würde eine Sachantwort lauten?

Appell

a) Wozu möchte Ihr Kind Sie veranlassen?

b) Wie würde eine Appellantwort lauten?

Das Kind fragt: »Papa, warum hältst du dein Versprechen nicht ein?«

Beziehung

a) Was hält das Kind von Ihnen?

b) Wie würde eine Beziehungsantwort lauten?

Selbstoffenbarung

a) Welches Gefühl drückt Ihr Kind aus?

b) Wie würde eine Selbstoffenbarungsantwort lauten?

Spontane Antwort:

Mögliche Antwort nach der »Hör-Differenzierung«:

100

Beispiel 3 hat die Ausgangssituation, dass sich Ihr Kind schon seit langer Zeit ein Zwergkaninchen wünscht, aber keines bekommen hat. Sehnsüchtig steht Ihr Kind immer vor dem Schaufenster der Tierhandlung. Sie sind allerdings wegen der kleinen Wohnung gegen eine Tieranschaffung.

Sachaspekt

a) Worüber informiert Ihr Kind Sie?

b) Wie würde eine Sachantwort lauten?

Appell

a) Wozu möchte Ihr Kind Sie veranlassen?

b) Wie würde eine Appellantwort lauten?

Das Kind fragt: »Warum könnt ihr mir kein Zwergkaninchen kaufen? Die sind doch so schön, findet ihr nicht auch?«

Beziehung

a) Was hält das Kind von Ihnen?

b) Wie würde eine Beziehungsantwort lauten?

Selbstoffenbarung

a) Welches Gefühl drückt Ihr Kind aus?

b) Wie würde eine Selbstoffenbarungsantwort lauten?

Spontane Antwort:

Mögliche Antwort nach der »Hör-Differenzierung«:

101

Beispiel 4 hat die Ausgangssituation, dass Ihre Tochter beziehungsweise Ihr Sohn gerne während der warmen Sommerzeit mit Ihnen in Ihrem Garten oder im Garten von Freunden im Zelt schlafen möchte. Ihnen ist es aber zu unbequem.

Sachaspekt
a) Worüber informiert Ihr Kind Sie?
b) Wie würde eine Sachantwort lauten?

Appell
a) Wozu möchte Ihr Kind Sie veranlassen?
b) Wie würde eine Appellantwort lauten?

Das Kind fragt:
»Warum können wir am Wochenende denn nicht im Garten im Zelt schlafen?«

Beziehung
a) Was hält das Kind von Ihnen?
b) Wie würde eine Beziehungsantwort lauten?

Selbstoffenbarung
a) Welches Gefühl drückt Ihr Kind aus?
b) Wie würde eine Selbstoffenbarungsantwort lauten?

Spontane Antwort:

Mögliche Antwort nach der »Hör-Differenzierung«:

102

Beispiel 5 hat die Ausgangssituation, dass zum Osterfest im Kindergarten oder in der Grundschule über die Auferstehung Christi gesprochen wurde. Sie sitzen am Mittagstisch und reden über den Vormittag.

Sachaspekt
a) Worüber informiert Ihr Kind Sie?
b) Wie würde eine Sachantwort lauten?

Appell
a) Wozu möchte Ihr Kind Sie veranlassen?
b) Wie würde eine Appellantwort lauten?

Das Kind fragt:
»Kommen eigentlich alle Menschen, wenn sie gestorben sind, in den Himmel?«

Beziehung
a) Was hält das Kind von Ihnen?
b) Wie würde eine Beziehungsantwort lauten?

Selbstoffenbarung
a) Welches Gefühl drückt Ihr Kind aus?
b) Wie würde eine Selbstoffenbarungsantwort lauten?

Spontane Antwort:

Mögliche Antwort nach der »Hör-Differenzierung«:

Beispiel 6 hat die Ausgangssituation, dass Ihr Kind während eines Spaziergangs fasziniert in den Himmel schaut und dabei die Flugzeuge beobachtet. Ihr Kind scheint ganz gefesselt von den »Fliegern« zu sein und beachtet gar nichts anderes um sich herum.

Sachaspekt

a) Worüber informiert Ihr Kind Sie?

b) Wie würde eine Sachantwort lauten?

Appell

a) Wozu möchte Ihr Kind Sie veranlassen?

b) Wie würde eine Appellantwort lauten?

Das Kind fragt:
»Wieso können Flugzeuge eigentlich so hoch fliegen, und warum stürzen die nicht ab?«

Beziehung

a) Was hält das Kind von Ihnen?

b) Wie würde eine Beziehungsantwort lauten?

Selbstoffenbarung

a) Welches Gefühl drückt Ihr Kind aus?

b) Wie würde eine Selbstoffenbarungsantwort lauten?

Spontane Antwort:

Mögliche Antwort nach der »Hör-Differenzierung«:

104

Beispiel 7 hat die Ausgangssituation, dass Sie zusammen mit Ihrem Kind in einem Fahrstuhl fahren, der voll gepfropft mit Menschen ist. Ihr Kind hält sich ganz fest an Ihrer Hand und kann sich bei dem wenigen Platz kaum bewegen.

Sachaspekt

a) Worüber informiert Ihr Kind Sie?

b) Wie würde eine Sachantwort lauten?

Appell

a) Wozu möchte Ihr Kind Sie veranlassen?

b) Wie würde eine Appellantwort lauten?

Das Kind fragt:
»Sag mal, Papa, wie viel Menschen dürfen eigentlich in dem Fahrstuhl mitfahren?«

Beziehung

a) Was hält das Kind von Ihnen?

b) Wie würde eine Beziehungsantwort lauten?

Selbstoffenbarung

a) Welches Gefühl drückt Ihr Kind aus?

b) Wie würde eine Selbstoffenbarungsantwort lauten?

Spontane Antwort:

Mögliche Antwort nach der »Hör-Differenzierung«:

105

Vielleicht ist es Ihnen nicht ganz leicht gefallen, die Ausgangsfragen des Kindes in die entsprechenden Bestandteile zu zerlegen. Vielen Menschen fällt das aus dem Grunde schwer, weil wir *sofort* eine bestimmte Meinung haben und diese mit unserer Antwort dokumentieren. So wird ganz schnell vermutet, was ein Kind braucht, dies allerdings immer aus der aktuellen Sicht von Erwachsenen. Gleichzeitig wird aber in den Fällen, wo es schwer fällt, Antworten zu finden, gezeigt, wie sehr Menschen immer nur auf einem bestimmten »Ohr« hören und die anderen »Ohren« teilweise zugeklappt sind beziehungsweise deren Hörkanäle »unter Verstopfung« leiden.

Sicherlich hat aber auch das Hören der »Selbstoffenbarung« sehr viel damit zu tun, wie sehr wir Erwachsenen offen und ehrlich mit unseren eigenen Gefühlen umgehen, wie intensiv wir uns ihnen stellen oder aus dem Wege gehen, wie wir sie zu einem Teil unseres Lebens dazugehörig empfinden oder Gefühle als eine Gefahr einschätzen in der Hinsicht, uns nicht mehr selber im Griff zu haben. Kinder offenbaren mit ihren Fragen ihre breite Vielfalt der Gefühle, und sie haben ein Recht darauf, auch in den gehörten Antworten sich (!) in den Worten wiederzufinden.

Um zu den aufgeführten Beispielen eine zusätzliche Hilfe anzubieten, seien sie an dieser Stelle nochmals kurz aufgegriffen:

Beispiel 1 – Mögliche Antwort des Vaters:
»Wenn du dein Spiel jetzt unterbrechen musst, *ärgerst du dich.* Auf der anderen Seite wird das Essen kalt, und das würde *mich ärgern.* Mama und ich fangen daher schon mit dem Essen an, und wenn du das Spiel zu Ende gespielt hast, kommst du auch.«

(Ein zusätzlicher Vorschlag: Es ist immer günstiger, Kindern rechtzeitig vor dem Essensbeginn Bescheid zu sagen, damit sie sich auf die Spielunterbrechung einstellen können.)

Beispiel 2 – Mögliche Antwort des Vaters:
»*Es tut mir Leid*, dass ich mein Versprechen nicht einhalten kann. Auch ich würde mich an deiner Stelle furchtbar *ärgern* oder traurig darüber sein. Vielleicht fährt Mama mit dir schon vor, und ich komme so schnell wie möglich nach.«

(Leider kommt es häufig vor, dass Absprachen mit Kindern oder Versprechen weniger an Bedeutung erhalten als andere Vorhaben. Wichtig ist, dass grundsätzlich die Versprechen von Eltern ihren Kindern gegenüber Priorität vor möglichen Absagen oder anderen Vorhaben besitzen sollten, weil Zuverlässigkeit ein Verhaltensmerkmal sein muss, auf das Kinder sich verlassen können.)

Beispiel 3 – Mögliche Antwort der Eltern:
»Auch Zwergkaninchen brauchen viel Platz. In einem Käfig *fühlen sie sich unwohl*. Weil wir dir kein Zwergkaninchen kaufen, bist du *traurig*. Genauso traurig wäre das Tier, wenn es keine Wiese, kein grünes Gras und keinen ausreichenden Auslauf hätte.«

(Viele Tiere leben tatsächlich unter traurigen Umständen: in viel zu kleinen Käfigen, mit falscher Ernährung und vielen Störungen, die den Lebensrhythmus der Tiere durcheinander bringen. Daher ist genau zu prüfen, ob Tiere tatsächlich unter guten Bedingungen – tiergerechten Haltungsmerkmalen – leben können oder nicht. Eine zusätzliche Frage an die Eltern von Kindern, die sich vehement ein Haustier wünschen: Kann es sein, dass Kinder mit ihrem Wunsch nach einem Tier etwas suchen und zu finden vermuten, was sie nicht von ihren Eltern bekommen?)

Beispiel 4 – Mögliche Antwort der Eltern:
»Im Zelt im Garten zu schlafen, das wäre für dich wohl *das Größte.* Darüber würdest du dich *freuen.* Ehrlich gesagt, ist es uns zu unbequem, die Nacht auf der Luftmatratze zu verbringen. Hast du vielleicht eine Idee, wie es für uns bequemer sein könnte?«

(Manche Fragen und Vorschläge von Kindern scheinen uns Erwachsenen auf Anhieb nicht so recht ins Konzept zu passen. Trotzdem haben selbstverständlich auch Kinderwünsche ihre Berechtigung, wenn sie auch für die Eltern *grundsätzlich* umzusetzen sind. Gerade bei solchen Kinderfragen lohnt es sich, Kinder an der Suche nach Umsetzungsmöglichkeiten zu beteiligen.)

Beispiel 5 – Mögliche Antwort der Eltern:
»Darüber machst du dir Gedanken. Vielleicht hast du sogar *Sorgen* und denkst an das Sterben. Das *macht dir Angst.*«

(Selbst beim Thema »Tod und Sterben« sollten Erwachsene nicht in Panik verfallen und plötzlich glauben, mit ihrem Kind sei etwas »Furchtbares« passiert, weil es dieses Thema anspricht. Kinder versuchen auch diesen Teil des Lebens zu be-greifen und ihre Angst und ihre Fragen in den Griff zu bekommen.)

Beispiel 6 – Mögliche Antwort der Eltern:
»Mit dem Flugzeug abzustürzen wäre für die Fluggäste ebenso furchtbar wie für diejenigen, bei denen das Flugzeug auf der Erde herunterkommt. Alle Menschen *haben davor Angst.*«

Beispiel 7 – Mögliche Antwort des Vaters:
»Das ist hier im Fahrstuhl ganz schön eng mit so vielen Menschen drin. Sicherlich *hast du* jetzt ein bisschen *Angst.*«

Warum sich Kinder mit ihren Fragen häufig unverstanden fühlen

Während eines Tages schaffen es Kinder, ausgesprochen viele Fragen zu stellen, in der Hoffnung, dass sie mit den erhaltenen Antworten der Erwachsenen in ihrem Bemühen, die Welt zu begreifen, diese besser verstehen.

Das Beispiel Dennis

Begleiten wir einmal Dennis, fünfeinhalb Jahre alt, einen Tag lang und versuchen wir dabei, uns mit den Antworten seiner Eltern auf seine vielen Fragen zu beschäftigen.

Dennis wird um sechs Uhr in der Frühe von seinem Vater geweckt, damit er rechtzeitig aufsteht und pünktlich mit ihm zum Kindergarten fahren kann. Beide Eltern sind berufstätig und haben mit dem Kindergarten abgesprochen, dass ihr Sohn um viertel nach sieben zum Kindergarten kommen kann.

Für Dennis, der gerne länger schlafen würde, ist das morgendliche Aufstehen eine Qual. Als sein Vater ins Kinderzimmer kommt und Dennis mit einem »Dennis, aufstehen« aus seinen Träumen gerissen wird, möchte er wie üblich lieber liegen bleiben. Er fragt seinen Vater, ob er nicht wenigstens heute länger im Bett bleiben kann, und erhält zur Antwort: »Jeden Morgen gibt's denselben Ärger mit dir. Du weißt doch, dass ich um sieben Uhr zur Arbeit muss und du im Auto mitfährst. Mama fährt mit dem Bus in eine ganz andere Richtung. Also: Raus aus den Federn.«

Beurteilung der Antwort: Obgleich Dennis von sich selber sagt, dass er noch müde ist und Traurigkeit darüber spürt, dass er aufzustehen hat, wird ihm keine Möglichkeit gelassen, sich mit seinem Wunsch durchzusetzen. Aus organisatorischen Gründen erscheint das frühe Aufstehen notwendig, aus psychohygienischen Gründen bedenklich, wenn man sich vorstellt, was es für ein Kind heißt, jeden Morgen so früh aus dem Schlaf gerissen zu werden.

Dies alles wird in der Antwort des Vaters missachtet und kommt durch zwei problematische Antwortformulierungen zum Ausdruck. Zum einen durch ein *Generalisieren*, das heißt durch eine bewertende Verallgemeinerung wie mit dem Anfangssatz »Jeden Morgen gibt's denselben Ärger mit dir«. Solch eine Antwort trägt sicherlich nicht dazu bei, den Morgen fröhlich zu beginnen. Zum anderen finden wir aber auch ein *Rationalisieren*, das heißt, dass der Vater die gefühlsmäßige Betroffenheit des Sohnes völlig außer Acht lässt und mit logisch-intellektueller Erklärung dem Sohn etwas klar zu machen versucht.

Dennis schlendert lustlos ins Bad, um sich zu waschen. Er steht vor dem Spiegel, lässt ein bisschen Wasser aus dem Hahn in seine Hand tröpfeln und schüttelt sich innerlich davor, wach zu werden. Die Mutter kommt ins Badezimmer, und Dennis schaut sie mit seinen kleinen, verschlafenen Augen an. »Muss ich mich wirklich waschen?«, fragt er und achtet sorgsam darauf, dass ja kein Tropfen Wasser zu viel seine Haut berührt. Die Mutter drängt zur Eile: »Jetzt wasch dich endlich, und zieh dich an! Deine Sachen liegen im Kinderzimmer. Schau, dass du in fünf Minuten zum Frühstück da bist. Beeil dich, sonst wird wieder alles so hektisch.«

Beurteilung der Antwort: Sicherlich hat die Mutter allen Grund, Dennis zu bitten, möglichst rasch zum Frühstück zu kommen. Ohne ihn allerdings zu begrüßen oder erst einmal in den Arm zu nehmen, ihm vielleicht zu sagen, dass es sicherlich schwer ist, trotz Müdigkeit »in die Puschen zu kommen«, kleidet die Mutter ihre Anordnungen in ein konstantes *Dirigieren.* Sie nennt Lösungen, wie das Problem verringert werden kann, und lässt Dennis keine Zeit, sich mit dem Morgen anzufreunden.

Inzwischen sitzt Dennis am Frühstückstisch. Lustlos guckt er auf sein Butterbrot und schiebt es auf seinem Frühstücksbrettchen hin und her. »Muss ich das essen?«, fragt er seine Eltern und drückt dabei seine ganze Abneigung gegen sein Frühstücksbrot aus. Der Vater schaut ihn mahnend an:

»Dennis, natürlich musst du dein Brot nicht essen, wenn du es absolut nicht willst, aber denke bitte daran, dass der Morgen lang ist. Mama und ich, wir beide wissen doch, dass du, wenn du kaum im Kindergarten bist, als Erstes deine Brottasche aufmachst und frühstückst. Warum da und nicht hier? Wir frühstücken doch auch und sperren uns nicht gegen das Brot. Du weißt doch auch, dass es viele Menschen gibt, die gar nichts zu essen haben. Nun also bitte. Nimm dein Brot in die Hand und versuche es wenigstens. So schlimm kann das doch gar nicht sein. Außerdem ist Rübenkraut auf der Schnitte, und das isst du doch sonst immer so gerne. Und warum heute nicht?« Dennis nimmt sein Butterbrot und knabbert ganz vorsichtig an einer kleinen Ecke.

Beurteilung der Antwort: Der Vater fällt durch sein *Monologisieren* auf, das heißt, er versucht mit vielen, langatmigen Sätzen seinen Wunsch durchzusetzen. Dabei fällt ihm gar nicht auf, dass er Dennis und sein Bedürfnis immer mehr aus den Augen verliert.

Nachdem Dennis ein wenig an seinem Butterbrot herumgeknabbert hat, legt er es zur Seite. Die Mutter schaut ihn strafend an und spricht langsam, aber betont zurückhaltend:
»Dennis, du hast gehört, was Papa gesagt hat. Es ist eine kleine Schnitte, und das ist wahrlich nicht zu viel für einen Jungen in deinem Alter. Aber ich kann mir schon denken, warum du das tust. Schon deine Blicke zu uns herüber verraten mir, dass du uns nur ärgern möchtest und damit auf die Palme bringen willst. Du weißt genau, dass wir wenig Zeit haben, und so zögerst du alles raus, bis wir sagen, du brauchst nicht zu essen. Wirklich, das gefällt uns überhaupt nicht. Du willst, dass wir aus der Haut fahren, und wenn wir laut werden, fängst du an zu weinen. Das ist unser Sohn. Schon deine Blicke verraten dich, zumal du uns genau beobachtest.«
Beurteilung der Antwort: Die Mutter beginnt jetzt zu *diagnostizieren*, das heißt, sie zieht aus bestimmten Beobachtungen sehr schnelle Schlüsse und kommt zu der Diagnose, dass das Verhalten von Dennis nur diesen einen Sinn haben kann, sie zu ärgern. Dennis kann sich – wie andere Kinder auch – nur schwer dagegen zur Wehr setzen.

Ja, genauer betrachtet ist es eine Beziehungsfalle, die hier vor ihm ausgebreitet wird. Sagt er nichts, dann ist die Chance groß, dass es als eine Art »Schuldanerkenntnis« eingestuft werden würde, setzt er sich dagegen zur Wehr, könnte eine weitere Diagnose gestellt werden, etwa in folgender Art: »Jetzt hör aber bitte auf zu protestieren. Damit machst du die ganze Sache nur noch schlimmer. Du weißt genau, dass wir Recht haben, und dein Abstreiten bringt uns noch mehr in Rage. Vielleicht willst du das ja sogar.«

Dennis hat sein Brot nicht aufgegessen, und so wandert es in den Abfalleimer. Dennis guckt daraufhin seinen Vater an und meint: »Papa, gerade hast du gesagt, dass es Menschen gibt, die nichts zu essen haben. Und im Kindergarten haben wir gelernt, dass man Essen nicht wegwerfen darf. Warum schmeißt du jetzt mein Butterbrot in den Abfall?«

Der Vater dreht sich um: »Also, jetzt schlägt's dreizehn. Mein Herr Sohn will mich belehren, was gut und richtig ist. Gerade du, Dennis, willst mir erzählen, was ich machen darf und was nicht? Ich könnte dir jetzt Hunderte von Beispielen nennen, wo du was getan hast, was nicht in Ordnung war. Wer hat denn am vergangenen Sonntag beim Mittagessen seinen Teller voll geladen und dabei die Menge völlig überschätzt? Wer hat denn schon so oft gesagt, nachdem ein Butterbrot für dich fertig gemacht wurde, dass ihm der Belag nicht schmeckt? Wer hat denn schon letztens am Kühlschrank die Puddingschüssel rausgeholt, was davon gegessen und diese dann nicht in den Kühlschrank zurückgestellt, sodass die Katze dran gewesen sein könnte? Weswegen haben wir denn dann den Pudding weggeworfen? Du willst mir Vorhaltungen machen und hast es selber faustdick hinter den Ohren. Achte mal mehr darauf, was du sagst, und stelle hier keine Behauptungen auf, um von dir selber abzulenken. Aber wenn du willst, dann hol doch wieder dein Restbutterbrot aus dem Abfall, und nimm es mit in den Kindergarten.« Der Vater dreht sich um, geht zur Garderobe und zieht sich den Mantel über.

Anmerkung zur Antwort: Angesprochen auf seinen »Fehler«, beginnt der Vater zu *moralisieren*. Durch seine

Gegenfragen, die voller direkter und indirekter Bewertungen sind, versucht er die Schuld an seinen Sohn zurückzudelegieren, ohne zu bemerken, dass er sich damit selber nicht wirklich entlasten kann. Die Fülle der negativen Werturteile, die sich aus den Antworten seiner Fragen ergeben würden, sollen dazu dienen, dass Dennis sich zurückzieht und mit einem schlechten Gewissen den Vater in Ruhe lässt.

Dennis steht ebenfalls an der Garderobe: »Muss ich die Jacke wirklich anziehen? Im Auto ist es doch warm und im Kindergarten auch.«

»Jetzt zieh bitte deinen grünen Anorak an«, wird Dennis von der Mutter aufgefordert. »Draußen ist es kalt, und ich möchte nicht, dass du dir einen Schnupfen holst. Bis zum Auto musst du ja auch noch gehen. Wir haben noch nicht die Witterung dafür, nur einfach mit einem Pullover zum Kindergarten zu fahren. Wer ist denn immer so wehleidig« – und hier guckt die Mutter auch kurz zu ihrem Mann herüber – »bei jeder kleinsten Erkältung, bei jedem Schnupfen? Du kannst dich doch bestimmt noch an deine Halsentzündung erinnern. Da wolltest du immer keinen Schal umziehen. Hinterher war dann alles zu spät. Es sei denn, du willst dir unbedingt einen Schnupfen einfangen. Als deine Mutter sage ich dir ganz deutlich, dass du frieren wirst. Und dann ist das Klagen groß. Ich höre dich dann richtig mit Zähneklappern sagen: ›Mir ist so schrecklich kalt.‹ Da hängt der grüne Anorak, und bitte keine Widerworte. Für den Kindergarten sollt ihr auch immer was Warmes mithaben, falls ihr rausgeht. Dann heißt es vielleicht noch, wir würden nicht für dich sorgen. Nein, mein Junge, jetzt ist Schluss.« Sie nimmt den Anorak von der Garderobe und zieht ihn Dennis über.

Beurteilung der Antwort: Aufgrund der allgemeinen morgendlichen Spannung um Dennis beginnt die Mutter zu *debattieren*, das heißt, sie vertritt rechthaberisch ihren festen Standpunkt und macht ihm klar, dass sie besser weiß, was für ihren Sohn gut ist. Sicherlich hätte die Mutter kurz mit Dennis zum Balkon gehen können, um die Temperatur zu prüfen und dann zu entscheiden, ob ein Anorak tatsächlich nötig wäre oder ob vielleicht doch ein warmer Pullover ausgereicht hätte.

Dennis und sein Vater gehen zum Auto. Plötzlich bleibt der Sohn stehen und sagt: »So kann ich nicht in den Kindergarten gehen. Ich habe meine Pistole vergessen. Kann ich die jetzt noch schnell holen?«

Der Vater fällt fast aus der Rolle: »Dennis, das wird ja wohl nicht so schlimm sein, wenn du einmal ohne dein Spielzeug zum Kindergarten gehst. Sicherlich wird es von den Erzieherinnen auch nicht gerne gesehen, wenn du ›bewaffnet‹ in die Gruppe kommst.« Dennis bockt und fängt leise an zu weinen. »Davon geht die Welt doch auch nicht unter. Überleg mal, wie oft du schon deine Pistole mitgenommen hast. Und jetzt vergisst du sie ein einziges Mal. Und ein Grund zum Weinen besteht da auch nicht. Reiß dich zusammen und komm jetzt bitte.«

Beurteilung der Antwort: Dennis' Vater nimmt in dem Augenblick die Enttäuschung seines Sohnes, etwas für ihn ganz Wichtiges vergessen zu haben, nicht ernst und fängt an zu *bagatellisieren*. Wichtigkeiten werden in ihrer Bedeutung herabgesetzt, und der Vater lässt dabei außer Acht, dass vielleicht das Spielzeug von Dennis für ihn genauso wichtig ist wie für den Vater seine Aktentasche mit für ihn bedeutsamen Unterlagen.

Inzwischen sind Dennis und der Vater am Auto angelangt. Der Sohn ist immer noch sehr traurig, dass er sein Spielzeug nicht schnell von zu Hause noch holen konnte. Sie steigen ins Auto, und der Vater erzählt:

»Dennis, sei bitte nicht traurig über deine vergessene Pistole. Guck mal, da vorne ist ein riesiger Baukran. Wenn ich mir vorstelle, ich würde da oben in dem kleinen Führerhäuschen sitzen, ich glaube, da hätte ich Angst. Bei dem Wind schaukelt der Kran richtig. Kannst du den Mann da oben sehen? Winke ihm doch mal zu. Vielleicht sieht er dich ja.

Wie schnell die vorankommen mit dem Hochziehen des Hauses. Weißt du noch, wie mit dem Bau angefangen wurde? Früher stand hier ein altes, ganz baufälliges Haus, und das war schon eine Schande für die ganze Straße. Bestimmt gab es Ratten und Mäuse in den alten Mauern. Doch jetzt kommen schöne, große Häuser hierher. Vielleicht ziehen da ja auch Familien mit Kindern ein, die dann auch Jungen in deinem Alter haben und mit denen du vielleicht zusammen in die Schule gehst. Freust du dich schon darauf? Dann gehörst du schon zu den großen Kindern und musst nicht mehr in den Kindergarten.«

Dennis sitzt auf dem Rücksitz und hört kaum zu, was der Vater sagt.

Beurteilung der Antwort: Da der Vater merkt, wie betroffen sein Sohn über das Vergessen seines Spielzeugs ist, möchte er ihn gerne auf andere Gedanken bringen. Ganz nach dem Motto »*Umfunktionalisieren* ist besser als Trauern«. Der Versuch, Dennis abzulenken, mag zwar aus der Sicht des Vaters verständlich erscheinen und sein Interesse daran dokumentieren, dass es seinem Sohn besser geht, doch ist diese Antwort überhaupt nicht dazu geeignet, Kindern dabei zu helfen, mit ihrem Problem fertig zu werden. Ablenken bedeutet verdrängen und damit die erlebte Schwierigkeit zu einem anderen Zeitpunkt wiederholt zu spüren.

Als der Vater schließlich bemerkt, dass Dennis nicht auf seine Hinweise reagiert, fährt er mit seinen Ausführungen fort: »Als ich so alt war wie du, wollte ich immer unbedingt mal auf einen solchen Kran. Da habe ich die Bauarbeiter gefragt, aber die haben mich nicht nach oben in diese Führerkabine mitgenommen. Ich glaube, du würdest auch gern mal hoch oben in der Luft sein. Da könntest du die ganze Stadt übersehen, wie es bei mir auch mein Kinderwunsch war. Alles zu überblicken, selbst das Haus zu sehen, wo man selber wohnt. Ich glaube, Dennis, das wär was für dich.«

Dennis schüttelt stumm den Kopf. »Na ja, sicherlich ist es mächtig hoch, und als Kind hatte ich auch meine Bedenken, so wie du. Was könntest du dann im Kindergarten oder später an der Schule nicht alles erzählen? Bestimmt würden dich die anderen Kinder bewundern.«

Beurteilung der Antwort: Der Vater scheint immer mehr zu spüren, wie Dennis mehr an sein vergessenes Spielzeug denkt, als sich auf sein Erzählen einzulassen. So stellt der Vater eine Beziehung zu sich und seiner Kindheit her. Er versucht dabei, sein Erleben und seine Wünsche auf Dennis zu übertragen, zu *projizieren*. Eigene Hoffnungen, Erfahrungen oder Gefühle werden zu denen einer anderen Person gemacht, in der Hoffnung beziehungsweise mit der Sicherheit, dass dies für den anderen hilfreich ist.

Dennis schaut zu seinem Vater und fragt plötzlich: »Glaubst du, dass Mama meine Pistole auch nicht wegwirft, weil sie die sowieso nicht gut findet?«

Der Vater denkt nach und sagt schließlich: »Mütter unternehmen nichts, was Kinder ärgert, es sei denn, es geht wirklich nicht anders. Im Grunde genommen sind Mutter und Vater doch immer für ihre Kinder da. Sie sorgen dafür, dass sie genug zu essen haben, spielen können, den Kindergarten besuchen und auch ihre Freunde mit nach Hause bringen dürfen. Mama und ich sind da nicht anders. Wir wissen, dass es nicht immer leicht ist, mit dir gut auszukommen, aber schließlich sind wir deine Eltern und bemühen uns, dass du dich zu Hause wohl fühlst. Es gibt aber auch Mütter und Väter, die tun das nicht. Manchmal kann uns auch ein Fehler unterlaufen, aber dann entschuldigen wir uns im Nachhinein.

Weißt du, Dennis, meine Eltern waren ganz ähnlich. Wir haben immer gewusst, dass auch bei Streitigkeiten unsere Eltern vieles gar nicht so gemeint haben, auch wenn es so aussah, als hätten sie uns nicht lieb. Ich spreche da aus Erfahrung, und das wirst du auch mal so sehen, wenn du älter bist und alles noch besser verstehst.«

Beurteilung der Antwort: Dennis' Vater versucht seinem Sohn aufgrund seiner Lebenserfahrung, seiner Lebensweisheit zu verdeutlichen, dass gute Eltern auch stets das Beste für ihr Kind tun, auch wenn nicht immer alles klappt. Hier kommt ein *Dogmatisieren*, eine Nutzung von Lebensweisheiten, zum Ausdruck, die in ihrer Grundsätzlichkeit dem Kind mit seiner besonderen Frage allerdings nicht wirklich weiterhilft.

Inzwischen haben die beiden den Kindergarten erreicht. Beim Aussteigen aus dem Auto ruft Dennis seinem Vater noch zu, er möge aus dem Büro bitte die Mama anrufen und ihr sagen, dass sie seine Pistole nicht wegwerfen oder verstecken soll. Der Vater ist allerdings schon losgefahren und hat Dennis' Bitte nicht mehr gehört.

Kaum ist der Junge im Kindergarten, geht er zu seiner Gruppenerzieherin und fragt: »Kann ich mal zu Hause anrufen? Es ist auch ganz wichtig.« Die Erzieherin guckt Dennis an und meint: »Hallo, Dennis, schön, dich heute Morgen zu sehen. Das scheint ja ordentlich bei dir zu brennen. Warum willst du denn unbedingt jetzt schon zu Hause anrufen?«

»Weil Mama meine Pistole nicht wegtun soll.«

»Glaubst du, dass Mama das macht?«

»Ja bestimmt, die kann meine Pistole sowieso nicht leiden.«

»Und warum soll sie die nicht forttun?«

»Weil es meine ist und weil ich gerne damit spiele.«

»Gibt's denn keine anderen Spielsachen für dich, mit denen du lieber spielen möchtest?«

»Doch, die gibt's. Aber die Pistole ist auch gut.«

»Weißt du denn nicht, dass manche Kinder vor Pistolen Angst haben?«

»Doch, das sollen sie ja auch. Und Erwachsene ebenfalls.«

»Warum sollen andere denn Angst vor dir haben?«

»Weil ich dann stärker bin.«

»Und stärker sein ist für dich ganz wichtig?«

»Na klar, dann kann ich auch bestimmen.«

»Wieso willst du denn bestimmen? Ist es nicht besser, sich mit anderen abzusprechen?«

»Nein, dann kann ich sagen, was wir machen wollen.«

»Gibt's dadurch nicht aber Streit?«

»Manchmal, aber nicht so oft. Wir spielen dann Fangen und Verstecken.«

»Geht das denn nicht auch ohne Pistole?«

»Nein, die brauche ich.«

»Hast du es denn schon einmal ohne Pistole versucht?«

»Ja, und das ist langweilig.«

»Und was ist daran langweilig?«

»Weil es weniger Spaß macht.«

»Ich finde es nicht gut, wenn Mama deine Pistole aufbewahren muss, damit du anderen Angst damit machst.«

»Aber wir spielen doch nur!«

»Mit Waffen spielt man aber nicht.«

»Warum nicht?«

»Weil damit Kriege geführt werden und Menschen dabei sterben.«

»Aber wir spielen doch nur, dass andere tot sind. Danach stehen wir doch alle wieder auf!«

Erzieherin: »Und was findest du daran gut?«

»Kann ich jetzt mal anrufen?«

»Um deiner Mutter vielleicht zu sagen, dass sie dir deine Pistole vorbeibringen soll?«

»Ja, das wäre super.«

»Nein, das geht nicht. Gehe bitte in deinen Gruppenraum. Ich glaube, Oliver ist schon da und wartet auf dich.«

Beurteilung des Gesprächs: Die Erzieherin nimmt Dennis zunächst sehr ernst und möchte erfahren, was ihn dazu bewegt, so dringend sein Telefongespräch führen zu wollen. Allerdings gerät die Unterhaltung immer mehr zu einem Frage-Antwort-Spiel. In der Gesprächsführung heißt diese Form des Sprechens *examinieren*, also ausfragen, um einen Grund für ein bestimmtes Bedürfnis, ein besonderes Vorhaben in Erfahrung zu bringen. Solch eine Gesprächsform ist nicht dazu geeignet, dass ein Kind sich mit seiner ursprünglichen Frage verstanden fühlt.

Eine Bemerkung am Rande: Ganz offensichtlich sucht Dennis im Besitz seiner Spielzeugpistole beziehungsweise im Spielen damit *seine* Möglichkeit, sich »symbolisch« zur Wehr zu setzen. Vielleicht gegen das frühe Aufstehen, die Aufforderung zu frühstücken, obgleich er noch keinen Hunger hat, gegen die Eile und Betriebsamkeit am Morgen, das Gefühl des Abgeschobenwerdens, gegen das Unverständnis seiner Eltern oder gegen seine verspürte Einsamkeit.

Im Laufe des Vormittags geht Dennis zu seiner Erzieherin und fragt: »Kann ich mit Oliver und Marco nach draußen in den Garten?« Die Erzieherin hatte in der Zwischenzeit beobachtet, dass sich alle drei Jungen Pistolen aus Legosteinen gebaut haben.

»Sag mal, Dennis«, fragt die Erzieherin zurück, »hättet ihr nicht Lust, den kleinen Komposthaufen in der Gartenecke umzuschaufeln? Ich komme mit, und mit eurer Hilfe geht es bestimmt ganz schnell. Hol schon mal die Grabgabeln aus der Hütte. Ich ziehe mir inzwischen die Stiefel an und komme nach.« Dennis dreht die Augen und schüttelt, zu Oliver und Marco gerichtet, seinen Kopf.

Beurteilung der Antwort: Die Erzieherin ist sich ganz sicher, dass die drei Jungen mit ihren selbst gebauten Pistolen draußen spielen wollen, was sie ablehnt. So geht sie gar nicht auf die Frage ein, sondern zieht es vor, das Problem zu *externalisieren*, das heißt auf ein Randproblem zu sprechen zu kommen, sodass die Kinder einerseits draußen sind und Bewegung haben, andererseits durch eine andere Tätigkeit sich auf andere Gedanken einlassen können.

Der Vormittag vergeht, und Punkt ein Uhr mittags steht die Mutter an der Kindergartentür, um Dennis abzuholen. Sofort beginnt er mit der Frage, die ihm schon den ganzen Morgen auf der Seele brennt: »Mama, hast du meine Spielzeugpistole weggetan?« Die Mutter wendet sich der Erzieherin zu und fragt, wie es denn heute mit ihrem Sohn gewesen sei. Dennis zupft die Mutter am Pullover: »Mama, jetzt sag mir bitte, ob meine Spielzeugpistole noch auf meinem Bett liegt!« Die Mutter nimmt seine Hand von ihrem Pullover, verabschiedet sich von der Erzieherin und meint: »Wir müssen noch am Supermarkt vorbei und etwas fürs Mittagessen kaufen. Worauf hast du denn heute Appetit?«

Beurteilung der Nicht-Antwort: Natürlich hat die Mutter genau gehört, was Dennis wissen wollte, aber erstens war es ihr etwas peinlich, vor der Erzieherin von ihrem Sohn nach der Spielzeugpistole gefragt zu werden, und zweitens hat sie auch keine Lust, ihrem Sohn ständig zu erklären, dass sie persönlich die Spielzeugpistole am liebsten wegwerfen würde. So tat sie, als hätte sie seine Frage nicht gehört. Die Mutter hatte sich in dieser Situation entschieden, zu *emigrieren*, das heißt innerlich und äußerlich abzuschalten und den Fragen ein hohes Maß an Gleichgültigkeit entgegenzubringen.

Kaum sind die beiden zu Hause und kaum ist die Haustür geöffnet, stürmt Dennis in sein Kinderzimmer und findet seine heiß geliebte Spielzeugpistole auf einem der Regale. Seine Mutter hat sie wohl beim Bettenmachen dort hingelegt. Er stürmt zurück in die Küche, wo die Mutter mit dem Vorbereiten für das Essen begonnen hat, und fragt: »Sag mal, Mama, kann ich noch so lange raus, bis das Mittagessen fertig ist?«

Die Mutter überlegt und meint dann: »Das geht nicht, Dennis. Erstens bist du dann sicherlich unterwegs und vergisst die Zeit völlig. Zweitens wollen die Leute um diese Zeit auch mal ein bisschen Ruhe haben, und wenn du mit deinen Freunden und ihr mit euren Spielzeugpistolen rumballert, dann stört ihr sicherlich einige bei ihrer Mittagsruhe. Ich kenne das ja, wie es sonst immer ausgeht. Dann kommst du völlig durchgeschwitzt nach Hause und schlingst nur das Essen rein, um gleich wieder rauszukommen. Bleib mal lieber hier und warte so lange, dass wir in Ruhe gemeinsam essen können.«

Beurteilung der Antwort: Die Mutter stellt bei dieser Frage ihres Sohnes sofort eine Beziehung zu vergangenen Situationen her und glaubt mit Sicherheit zu wissen, wie Dennis seine Zeit verbringen wird. Obgleich die Mutter es nicht wissen kann (!), nimmt sie ihre Erfahrungen auf und überträgt diese ganz gebündelt auf die jetzige, heutige Frage. Damit zeigt sich in ihrer sprachlichen Äußerung ein *Interpretieren*, das heißt ein einseitiges Auslegen möglicher Absichten ihres Sohnes. Sicherlich – es könnte so zutreffen, muss aber nicht.

Am Spätnachmittag, als der Vater nach Hause gekommen ist, wird er von seiner Frau beiseite genommen. Sie gehen zusammen ins Wohnzimmer, und sie bittet ihren Mann, mit Dennis doch einmal klar und deutlich über den Unwert von Spielzeugwaffen und deren Gefährlichkeit zu sprechen. Der Vater sieht die Notwendigkeit eines solchen Gesprächs ein und bittet Dennis, zu ihm zu kommen.

»Ich werde mit dir jetzt einmal ganz in Ruhe darüber sprechen, warum Mama und ich und bestimmt auch deine Erzieherin die Spielzeugwaffen nicht akzeptieren können. Du weißt bestimmt, dass echte Waffen sehr, sehr viel Unglück auf unserer Welt anrichten. Es gibt Tote und Verletzte, die in Kriege hineingezogen werden. Verletzungen tun weh, und wenn jemand stirbt, dann sind sehr viele Menschen darüber traurig. Waffen sind daher kein geeignetes Spielzeug für Kinder, auch wenn sie nicht echt sind. Gib mir mal deine Pistole. Schau mal, dort vorne aus dem Lauf kommt eine Kugel beziehungsweise eine Patrone. Die wird mit einer ungeheuren Wucht aus dem Lauf gestoßen und dringt in einen Menschen ein. Dadurch wird er verletzt. Wir möchten nicht, dass du mit solchem Spielzeug draußen, zu Hause oder im Kindergarten spielst. Waffen werden von Soldaten genutzt, und du bist kein Soldat. Oder sie müssen von der Polizei getragen werden, um Verbrecher zu jagen. Du bist auch kein Polizist. Sag mir daher, was du dir statt dieser Pistole wünschst. Dann können wir darüber sprechen, ob wir dir etwas anderes dafür kaufen.«

Beurteilung der Antwort: Der Vater gibt sich redlich Mühe, seinem Sohn die Gefährlichkeit von Waffen zu erklären, ohne zu bemerken, dass es erstens einen unleugbaren Unterschied zwischen Spielzeugwaffen und echten Pistolen gibt, zweitens dass das Spielen für Dennis einen Symbolwert darstellt und drittens, dass informative Erklärungen an der eigentlichen Bedeutung der Spielzeugwaffe für Dennis' Gefühlswelt vorbeigehen. Der Vater hat versucht, das Thema zu *abstrahieren*, also auf eine abstrakte Gesprächsebene zu führen, die Dennis allerdings nicht verstehen kann.

Am Abend, als Dennis ins Bett geht, kommen seine Eltern, um ihm eine gute Nacht zu wünschen. Er hat sich ein Bilderbuch mit ins Bett genommen und blättert interessiert darin herum. Als die Eltern an seinem Bett stehen, fragt Dennis: »Wisst ihr, was ich später einmal werden will?« Erwartungsvoll guckt er seine Eltern an. Der Vater kann es sich nicht verkneifen, seinen Sohn zu provozieren, und meint: »Bestimmt Soldat, weil du dann immer mit einer Waffe herumlaufen kannst.« »Nein«, antwortet Dennis, »ich möchte gerne Flugkapitän werden. Dann lerne ich viele Länder kennen und komme immer billig in der ganzen Welt herum.«

Beurteilung der Antwort: Vielleicht war es freundlich vom Vater gemeint, wieder einmal das leidige Thema »Pistolen« zu nennen, obgleich Kinder durch neue Eindrücke auch sehr plötzlich neue Ideen entwickeln. Was der Vater gemacht hat, hier ein bekanntes Thema aufzurollen, ist mit dem Begriff *»sich fixieren«* gemeint, das heißt, dass eine starke Ausrichtung auf etwas Bestimmtes geschieht und dies wiederum sehr häufig angesprochen wird. Selbst wenn das Ganze mit Ironie oder Sarkasmus verpackt wird, ist es für Kinder noch weniger zu begreifen, weil sie einen Unterschied zwischen den Worten und der Art des Sagens *erleben*, diesen aber nicht verstehen können.

Dennis ist an dieser Stelle zu bewundern, weil er sich durch beide Aspekte nicht gering geschätzt fühlt. Vielleicht ist es damit zu erklären, dass er so sehr auf seinen »Berufswunsch« ausgerichtet ist, dass er umso weniger auf die Aussage seines Vaters geachtet hat. Im Allgemeinen aber verletzen Ironie oder spöttische Antworten das Selbstwertgefühl eines Kindes, sodass es sich hilflos und ausgeliefert einer Gesprächssituation gegenübersieht, gegen die es sich nur äußerst schwer wehren kann.

Kinderfragen erfordern wirkliche Antworten, die das Kind befriedigen und bei denen es durch die Art und Weise des Antwortens merkt, dass es sich lohnt, auch weiterhin Fragen zu stellen.

Wie Erwachsene die Bedeutung von Kinderfragen wirklich verstehen

Merle möchte nicht in den Kindergarten

Beginnen wir auch hier zunächst mit einem Beispiel. Es ist sieben Uhr in der Frühe, und Merle steht mit ihrer Mutter an der Bushaltestelle. Die beiden warten zusammen mit anderen Menschen im Haltepunktunterstand. Merle steht mit gesenktem Kopf neben ihrer Mutter und scheint unzufrieden oder unruhig zu sein. Sie lässt sich von ihrer Mutter nicht an die Hand nehmen, malt mit ihren Füßen irgendwelche Muster in den schmutzigen Sand und spricht leise mit sich. Die Mutter beginnt ihre Tochter zu ermahnen: »Merle, den ganzen Morgen grummelst du schon herum. Nichts scheint dir zu gefallen. Jetzt reiß dich bitte am Riemen und stell dich nicht so an. Meinst du etwa, mir macht es Spaß, mit meiner Tochter den Morgen so ungemütlich zu beginnen?«

Merle scheint gar nicht auf das zu hören, was die Mutter sagt. Sie fängt an zu singen und starrt weiter auf den Boden. Plötzlich dreht sie sich um und fragt ihre Mutter: »Mama, warum kann ich jetzt kein Butterbrot mit Marmelade essen? Ich merke genau, dass ich jetzt Hunger habe. Können wir nicht noch einmal zurückgehen und in Ruhe frühstücken?« Die Mutter reagiert ungehalten: »Jetzt hört der Spaß aber auf. Hattest du nicht heute Morgen genügend Zeit zum Frühstücken? Stand da Marmelade auf dem Tisch oder nicht? Hab ich dich nicht gefragt, ob du satt bist oder noch etwas essen möchtest? Na bitte, du weißt es genau.« Merle schaut traurig zur Mutter:»Mama, aber gerade jetzt möchte ich ein Marmeladenbrot. Können wir dann nicht einen anderen Bus nehmen und doch nach Hause gehen?«»Nein!«, kontert Merles Mutter.»Gleich kommt der Bus, und mit dem fahren wir. Jeden Morgen dasselbe.« Merle fängt an zu weinen und lehnt sich schluchzend an die Stahlwand der Bushaltestelle. Schließlich ergreift die Mutter Merles Hand und zerrt sie in den Bus.

Wenn wir zunächst einmal auf die *Selbstoffenbarung* von Merle eingehen, dann drückt sie Folgendes aus: »Wenn wir nach Hause gehen, dann fühle ich mich wohler. Dass ich jetzt in den Kindergarten gebracht werde, gefällt mir gar nicht, und darüber bin ich traurig.« Merle sucht ganz offensichtlich mit ihrer Frage einen Weg, den weiteren Verlauf des Tagesplans zu verändern. Da sie mit Sicherheit die Erfahrung gemacht hat, dass auf ihre Bitte hin, nicht in den Kindergarten gehen zu müssen, diese unerfüllt geblieben ist (bleiben musste, da die Mutter pünktlich an ihrem Arbeitsplatz zu erscheinen hat), versucht sie mit einer anderen Argumentation, ihr Ziel zu erreichen.

Merles Mutter hört dagegen nur den *Appell* (Lass uns wieder zurück nach Hause gehen), reagiert schließlich mit einem klaren Nein und bringt zusätzlich Argumente auf der *Sachebene* vor (Zeit zum Frühstücken war gegeben; Marmelade stand auf dem Frühstückstisch; Essen wäre möglich gewesen). Da es ihrer Tochter aber offensichtlich *nicht* um Sachinformationen geht, versucht sie ein zweites Mal ihr Glück, was wiederum die Mutter so reizt, dass sie auf der *Beziehungsebene* reagiert (Jeden Morgen dasselbe

[Theater]). Kommunikationsstörungen sind also vorprogrammiert, wenn die Sprach- und Hörebene in einer völligen Deckungs*un*gleichheit zueinander stehen.

Was könnte Merle nun veranlasst haben, den notwendigen Plan zur Fahrt zum Kindergarten unterbrechen zu wollen?

Möglichkeit 1: Merle ist darüber traurig, dass eine Trennung von der Mutter ansteht, obgleich sie viel lieber noch mit ihrer Mama zusammenbleiben möchte.

Möglichkeit 2: Merle könnte vielleicht ihrer Mutter etwas ganz Wichtiges sagen wollen und ist darüber traurig, dass sie die Mutter nicht ganz allein für sich hat.

Möglichkeit 3: Merle kann darüber traurig sein, dass ihre Freundin Susanne, mit der sie immer so gerne im Kindergarten zusammen spielt, seit Tagen krank ist und nicht in den Kindergarten kommt. Mit dem Fehlen ihrer Freundin hat sie ebenfalls keine Lust, in den Kindergarten zu kommen.

Möglichkeit 4: Im Kindergarten wird heute vielleicht etwas gemacht, woran Merle kein Interesse hat. Dennoch weiß sie, dass alle Kinder an dieser Aktivität – wie schon in den vergangenen Tagen – teilnehmen müssen.

Möglichkeit 5: Vielleicht gibt es in ihrer Kindergartengruppe aber auch ein anderes Kind, das sie ärgert oder vor dem sie Angst hat. Mit ihrem Versuch, wieder nach Hause zu kommen, möchte Merle damit dem bevorstehenden Konflikt aus dem Wege gehen.

Möglichkeit 6: Da Merle fast sechs Stunden im Kindergarten ist und sie am Nachmittag von einer Freundin der Mutter abgeholt wird, dann für einige Stunden allein zu Hause ist und sehnsüchtig auf die Mutter wartet (sie kommt immer gegen fünf Uhr am Nachmittag zurück), drückt sie vielleicht ihren starken Wunsch aus, viel mehr Zeit mit der Mutter gemeinsam erleben zu wollen.

Kommen wir auf das Beispiel zurück. Im Bus setzt sich der befreundete Nachbar, der das Gespräch zuvor verfolgt hat, neben das Mädchen und sagt: »Bestimmt ist es im Kindergarten heute nicht so schön wie zu Hause.« Merle greift sofort die Anmerkung auf. »Nein, heute will ich nicht in den Kindergarten. Der Moritz ist immer so laut und schreit mir in die Ohren. Das tut weh. Und wenn ich ihm sage, er soll aufhören, dann schubst er mich. Das macht er auch mit anderen Kindern.«

Ganz offensichtlich genießt Merle die Möglichkeit, sich zu entlasten, und erzählt ihre kleine Geschichte. Die Mutter wendet sich Merle zu: »Dann musst du ihm deutlich klar machen, dass er das nicht tun darf. Sonst gehst du am besten zu deiner Erzieherin und bittest sie, mit Moritz zu schimpfen.« – »Das tue ich auch, doch wenn Karin wieder weg ist, macht Moritz einfach weiter. Das kümmert den gar nicht, ob jemand mit ihm schimpft. Wenn der da ist, will ich nicht in den Kindergarten.« – »Das ist ja wirklich eine schlimme Geschichte«, antwortet der Nachbar. »Da fährst du nun zum Kindergarten und bist richtig traurig.« – »So oft«, merkt Merle mit ihrer leisen Stimme an. »Nur wenn Susanne da ist, dann traut Moritz sich nicht. Die hat ihm schon einmal richtig eine geklebt. Jetzt, wo Susanne krank ist, beschützt mich keiner.«

Aufmerksam verfolgt die Mutter inzwischen den Dialog, und es ist ihr deutlich anzumerken, dass sie betroffen ist. »Ich wusste gar nicht«, setzt Merles Mutter die Unterhaltung fort, »dass es so schlimm für dich ist. Vielleicht ist Susanne ja heute da und kann dir dann helfen.« Merle strahlt: »Ja, und wenn nicht, dann sage ich Moritz, dass ich alles der Susanne sage, und die klebt ihm dann wieder eine.«

Es ist – zusammenfassend gesehen – immer wieder erstaunlich, was Kinder erzählen, wenn Menschen ihnen die Möglichkeit geben, sich verstanden zu fühlen. Ursprünglich ging es ja um ein Marmeladenbrot, und nun wird offensichtlich, dass es um Merles Problem geht, sich im Kindergarten ohne Susanne einsam zu fühlen.

Das Verstehen von Kinderfragen, ja das Verstehen der Kinder selbst ist die Grundlage dafür, den Kindern die Möglichkeit zu geben,

● sich über das auszusprechen, was sie »eigentlich« fühlen oder denken,
● sich in ihren Wünschen und Hoffnungen, Ängsten und Problemen angenommen zu fühlen,
● sich entlasten zu können, ohne sich selber zurücknehmen zu müssen.

Merle hatte mit ihrer Frage deutlich machen wollen, dass sie einerseits Angst vor einem Kind im Kindergarten hat, andererseits von der Sorge gequält wurde, keinen Bündnispartner (Helfer) zu finden, der sie schützen könnte.

Thorsten und die tolle Plastiktüte

Thorsten, knapp drei Jahre alt, sitzt mit seinem Vater in einem Straßencafé. Eine junge Frau sucht einen Platz und stellt fest, dass alle Tische und Stühle belegt sind. Allerdings ist an dem Tisch von Thorsten und seinem Vater noch ein Stuhl frei. Sie fragt nach und setzt sich zu den beiden.

Von Anfang an hat es Thorsten auf eine der bunten Plastiktüten abgesehen, die die Frau mitgebracht hat. Wie gebannt starrt er auf diese eine Tüte und guckt dann strahlend zu der Besitzerin. Diese wiederum lächelt zurück und erzählt, was alles auf der Tüte abgebildet ist: eine kleine Lokomotive, die über einen hohen Berg fährt und ganz schwer arbeiten muss, damit sie es schafft; ein Haus, aus dem Qualm kommt und in dem es bestimmt ganz warm ist und sich Kinder und Eltern wohl fühlen; ein Lastwagen, der über eine Straße fährt und vielleicht ganz viel Spielzeug geladen hat, um es zu den Geschäften zu bringen, damit Kinder dort mit ihren Eltern etwas einkaufen können.

Thorsten klettert von seinem Stuhl und setzt sich in der Hocke vor die große Plastiktüte. Der Vater ermahnt seinen Sohn: »Komm bitte wieder zurück. Wir zahlen jetzt und müssen dann weitergehen.« Thorsten lässt sich davon überhaupt nicht beeindrucken. In seiner gehockten Stellung gleitet er mit seinen Händen über die Eisenbahn. Er greift mit seinen Händen schließlich in die Plastiktüte und hält sie ganz fest. »Nun ist aber Schluss«, meint der Vater. »Das geht zu weit. Lass die Tüte los. Wir gehen jetzt.«

Die Frau guckt immer noch in das strahlende Gesicht von Thorsten und antwortet schließlich: »Die Tüte gefällt dir bestimmt. Ich habe ja noch andere. Jetzt packe ich aus der Eisenbahntüte alles in die anderen Tüten um, dann kannst du die hier mitnehmen.« Thorsten ist überglücklich und drückt schließlich die leere Tüte fest an seinen Körper. Der Vater bedankt sich, und Thorsten zieht ab wie ein Schneekönig.

Offensichtlich hat die Frau das aufmerksame Betrachten der Tüte von Thorsten und sein Festgreifen als eine Frage verstanden, nämlich die, ob er sie haben kann. Im Gegensatz zu vielen Erwachsenen ging es ihr nicht in erster

Linie um eine »Besitzstandswahrung«, sondern um ein *Suchen nach einer Lösung*. Obgleich Thorsten nicht gesprochen hat, könnte er vielleicht in Gedanken folgende Fragen gestellt haben:

Möglichkeit 1: »Mit einem solchen schönen, bunten Zug möchte ich auch mal fahren. Kann ich den haben?«

Möglichkeit 2: »Du hast mir ganz viel von dem Zug erzählt. Wird Papa mir zu Hause auch so schön erzählen?«

Möglichkeit 3: »Macht der Zug vielleicht auch Geräusche wie auf dem Bahnhof? Kann ich den vielleicht mit Papa zu Hause ausschneiden und dann damit spielen?«

Möglichkeit 4: »Gibst du mir die Tüte mit, sodass ich zu Hause was Schönes in sie reinstellen kann?«

Möglichkeit 5: »Schenkst du mir die Tüte, weil ich keine habe?«

Thorsten hat ganz offensichtlich gespürt, dass am Tisch jemand Interesse an seinem Glück hat, und hat dafür gesorgt, dass sein Glück, das zur Zeit von dieser einen Plastiktüte abhängt, noch längere Zeit Bestand hat.

»Warum gibt es eigentlich Schnecken auf der Welt?«

Marius streift durch den Garten und bestaunt die Fülle der Pflanzen und Tiere. So bleibt er mal vor einem großen, blühenden Busch stehen und bewundert das rege Summen und Surren der Insekten, die sich auf den Blüten niederlassen, ein anderes Mal geht er in die Hocke, um eine Ameisenstraße zu beobachten, auf der alle Tiere immer denselben Weg entlanggehen. Nachdem er offensichtlich genug gesehen hat, setzt Marius seinen Weg fort und bleibt schließlich vor einer langen, roten Nacktschnecke stehen. Er nimmt einen kleinen Stock, hebt sie vom Boden ab und beobachtet, wie sie sich langsam zu einer Art Kugel zusammenzieht. Er schiebt sie auf ein Blatt, das er sich von einer Kastanie abgerissen hat, und läuft damit zur Mutter.

»Sag mal, Mama, warum gibt es eigentlich Schnecken auf der Welt?« Mit großen Augen wartet er nun auf eine Antwort. Die Mutter überlegt: »Weil sie für manche Tiere als Nahrung dienen.«

»Und welche Tiere fressen Schnecken?«

»Ich glaube Igel, Mäuse und Maulwürfe.«

»Und wie kriegen die beim Essen den ekligen Schleim vorher ab?«

»Gar nicht. Diese Tiere essen die Schnecken so, wie sie sind.«

»Und warum haben die Schnecken überhaupt den Schleim?«

»Damit sie sich fortbewegen können. Die rutschen darauf vorwärts.«

»Aber Schnecken kriechen doch. Dafür brauchen sie doch keinen Schleim.«

»Mit dem Schleim, den sie produzieren, haben sie es leichter, vorwärts zu kommen.«

»Und warum haben wir keinen Schleim unter den Füßen? Wäre doch ganz praktisch, dann wär ich auch schneller.«

»Weil wir Menschen an unseren Füßen keine Vorrichtung für eine Schleimabsonderung haben.«

»Das finde ich doof. Hat Gott das bei uns Menschen vergessen?«

»Das glaube ich nicht. Er hat sich nun einmal dafür entschieden, Schnecken den Schleim zu schenken und uns die

Füße. Damit können wir rennen, und Schnecken schaffen das nicht.«

»Und wieso macht Papa die Schnecken im Garten immer kaputt, wenn er welche sieht?«

»Die Schnecken fressen unseren Salat und knabbern die Blumen an.«

»Aber wenn Papa immer alle Schnecken, die er sieht, kaputtmacht, dann haben die Igel doch gar nichts zu fressen. Und die Mäuse und Maulwürfe auch nicht.«

»Die fressen ja auch noch andere kleine Tiere, zum Beispiel Würmer und Raupen.«

»Dann braucht es doch gar keine Schnecken zu geben, wenn Igel auch Würmer fressen, oder?«

»Du möchtest doch auch nicht immer dasselbe essen, und Igel lieben eben auch mal die Abwechslung.«

»Wieso durfte ich im Kindergarten denn einmal die Schnecke nicht kaputtmachen? Tanja (das ist die Erzieherin von Marius) hat gesagt, dass alle Tiere leben sollen.«

»Eigentlich hat Tanja Recht. Manchmal sind es aber – wie in unserem Garten – zu viel Schnecken. Dann darf man schon ein paar davon auf den Komposthaufen werfen.«

»Darf ich denn dann die Ameisen kaputtmachen? Davon gibt es viel mehr, als es Schnecken gibt.«

»Die haben dir doch aber gar nichts getan.«

»Wieso? Haben die Schnecken den Papa gebissen?«

»Nein, das nicht. Aber die fressen ja unseren Salat auf, und die Ameisen tun das nicht.«

»Und die Vögel fressen unsere Kirschen. Dann kann Papa die ja auch alle abschießen.«

»Das ist was anderes. Vögel darf man nicht erschießen. Da bleiben bei den Kirschen noch immer genügend für uns übrig.«

»Und wenn ganz viele Vögel auf einmal kommen und alle Kirschen von unserem Baum auffressen?«

»Dann gibt es dafür ein Netz, das über den Baum gelegt wird, sodass die Vögel nicht mehr an die Kirschen kommen.«

»Gibt es auch Schneckennetze?«

»Nein!«

»Warum denn nicht?«

»Das weiß ich jetzt auch nicht.«

»Aber ich. Weil die ganz einfach unter den Netzen hindurchrutschen.«

»Genauso wird es sein.«

»Soll ich jetzt die Schnecke auf den Kompost werfen?«

»Ja!«

»Finden die Igel und Mäuse denn dort die Schnecken?«

»Sicherlich. Meistens warten die schon am Kompost und freuen sich, wenn sie was zum Essen bekommen.«

»Dann gehe ich jetzt alle Schnecken suchen und bringe sie dahin.«

»Tu das. Aber wirklich nur die Nacktschnecken. Die großen Weinbergschnecken kannst du auf den Steinen lassen.«

»Warum? Mögen die Igel keine Weinbergschnecken?«

»Ich glaube nicht.«

Marius meint abschließend: »Na ja, bei den Schnecken mit den Häusern müssen die auch ganz anders kauen. Vielleicht haben die Igel auch keine guten Zähne.« Und schon läuft er in den Garten zurück, holt sich einen kleinen Eimer und sammelt fleißig alle Nacktschnecken ein, die er finden kann.

Marius mochte sich in dieser Situation gerne mit seiner Mutter unterhalten, weil er gemerkt hat, dass sie ihm *gut zuhören* konnte. Alle Fragen, die ihm im Zusammenhang mit seinen Nacktschnecken eingefallen sind, wurden beantwortet. Gleichzeitig hatte die Mutter für ihn *Zeit* – ein ausgesprochen wichtiges Geschenk für Kinder, die um die Beantwortung von Fragen bemüht sind.

Marius hat während des gesamten Gesprächs deutlich spüren können, dass seine Fragen für seine Mutter Wert hatten, beantwortet zu werden, unabhängig davon, ob die Mutter seine Fragen wichtig oder unwichtig gefunden hat. Dadurch dass er sie gestellt hat, waren die Fragen für die Mutter wichtig.

Ein kluger Papa muss nicht immer schlau sein

Nadine, vier Jahre alt, klettert auf den Schoß ihres Vaters und beobachtet ihn, während er Zeitung liest. Da Nadine mit ihrem Kopf vor dem Text steckt, ist der Vater wiederum gezwungen, seinen Kopf zu drehen und die Zeitung anders zu halten.

»Papa, warum kannst du lesen und ich nicht?«

»Weil ich das vor vielen Jahren einmal in der Schule gelernt habe.«

»Und was ist lesen?«

»Auf den Seiten dieser Zeitung oder eines Buches gibt es Buchstaben, und wenn man die kennt und weiß, was sie bedeuten, dann kann man das lesen, was andere Menschen dort hingeschrieben haben.«

»Und woher wissen die, was dich interessiert?«

»Das wissen die nicht ganz genau. Deshalb schreiben sie ganz viel in die Zeitung, und ich suche mir dann aus, was mich interessiert. Und das lese ich.«

»Und warum liest du?«

»Damit ich weiß, was in unserer Stadt alles passiert ist und was es noch alles Wichtiges in der Welt gibt.«

»Viele Bilder sind da ja nicht drin. Das finde ich langweilig. Was ist denn alles in der Welt passiert?«

»Ganz viel. Zum Beispiel ist ein ganz langer Tunnel unter dem Meer gebaut worden, wo jetzt Autos und Züge durchfahren können. Früher kamen die Menschen nur mit einem Schiff über das Meer.«

»Und so was steht alles in der Zeitung? Kannst du auch andere Sachen lesen?«

»Natürlich. Alles kann ich lesen, was aus Buchstaben besteht.«

»Bist du schlau?«

»Ein bisschen schon.«

»Kann ich dir mal ein Buch holen, das du noch gar nicht kennst? Ich weiß nicht, ob du das auch lesen kannst.«

»Na los, dann hol es mal her.«

Nadine läuft ins Kinderzimmer und kommt wenig später mit einem Bilderbuch zurück.

»Das hab ich aus dem Kindergarten mitgebracht. Heute waren wir in einer Bücherei, und da konnte sich jedes Kind ein Buch aussuchen. Das können wir ein paar Tage zu Hause behalten, doch dann müssen wir es wieder in die Bücherei zurückbringen.«

Nadine schlägt die erste Seite auf, und der Vater liest ihr langsam vor. Dabei macht es sich Nadine ganz gemütlich auf dem Schoß ihres Vaters. Nach zehn Minuten ist das Buch durchgelesen.

»Woher weißt du, was in dem Buch steht?«

»Weil ich die Buchstaben kenne und sie dir vorgelesen habe.«

»Kannst du alle Bücher lesen?«

»Alle Bücher und Zeitschriften, die in unserer Sprache geschrieben sind.«

»John spricht auch in einer anderen Sprache. Der kam vor kurzem in unseren Kindergarten. Kannst du auch seine Bücher lesen?«

»Das weiß ich nicht. Da müsste ich erst einmal erfahren, aus welchem Land er kommt und ob ich diese Sprache beherrsche.«

»Der kommt von ganz weit her. Ich glaube nicht, dass du das schaffst.«

»Chinesisch und Japanisch kann ich nicht.«

»Wieso denn nicht? Hast du das nicht in der Schule gelernt?«

»Nein.«

»Dann bist du gar nicht so schlau. Ich werde später mal eine Schule besuchen, wo ich das auch lerne.«

»Dann kannst du mir ja auch mal Bücher vorlesen.«

»Das werde ich mir überlegen.«

Sie gibt dem Vater einen dicken Kuss und springt von seinem Schoß.

Was an diesem Beispiel sicherlich gefällt, ist nicht nur die Ruhe des Vaters, der sich auch einmal beim Zeitunglesen stören lässt, sondern seine Ruhe, der Tochter nichts beweisen zu müssen. Damit ist gemeint, dass der Vater sich nicht rechtfertigt, als es darum geht, dass er auch mal etwas *nicht* kann! Eltern meinen häufig, bei ihren Kindern immer das letzte Wort haben zu müssen, um besser oder »intelligenter« abzuschneiden. Das hat dieser Vater nicht nötig. Als »seine Schwächen« durch seine Tochter »aufgedeckt« werden, lässt er ihre Meinung gelten. *Dinge stehen lassen können*, ohne sich angegriffen zu fühlen, gehört zum richtigen Umgang mit Kinderfragen dazu.

Nadine wird zum Fragenstellen dadurch motiviert, dass der Vater ihr die Chance lässt, ihre eigenen Gedanken frei zu formulieren.

Andrea und Florian als Architekten

Andrea und Florian, zwei Geschwister im Alter von fünf und acht Jahren, toben im Garten der Eltern herum, spielen Fangen und freuen sich ganz offensichtlich über sich und das schöne Wetter. Nach ein paar Minuten laufen sie zur Mutter.

Andrea: »Mama, können wir ein paar Bretter aus dem Keller holen? Wir wollen gerne eine Hütte bauen.«

Mutter: »Und wo wollt ihr sie hinsetzen?«

Florian: »An der alten Kastanie.«

Andrea: »Am liebsten würden wir ein kleines Häuschen auf den ersten dicken Ästen festmachen. Da können wir uns immer gut vor anderen verstecken und Tiere beobachten.«

Mutter: »Ich weiß nicht, ob die Äste das aushalten und ob der Baum dadurch nicht zerstört wird.«

Andrea: »Wir passen auch gut auf. Kannst du uns dabei helfen?«

Mutter: »Dazu habe ich jetzt wirklich keine Zeit. Aber ihr könnt ja mal im Voraus überlegen, wie euer Häuschen überhaupt aussehen soll.«

Florian: »Können wir denn dann eine Zeichnung wie ein Architekt malen und sie dir vorlegen?«

Mutter: »Selbstverständlich.«

Andrea und Florian holen sich Papier und Malstifte und entwerfen eifrig ihre Baumhütte. Mal wird an einer

Stelle ein dicker Strich eingezeichnet, mal etwas wegradiert. Schließlich scheint der Plan fertig gestellt zu sein.

Andrea: »Guck mal, Mama, so stellen wir uns das vor. Hier ein Wohnzimmer, dort eine kleine Küche. Und oben drauf eine kleine Schlafstube.«

Mutter: »Da gehen aber große Mengen von Holz drauf. Ich weiß, dass dafür das Holz im Keller nicht reicht. Außerdem kann man bei eurem kleinen Hochhaus dann gar nichts mehr von der Kastanie sehen.«

Florian: »Dann müssen wir eben noch Bretter dazukaufen.«

Mutter: »Ich weiß nicht, wie viel Taschengeld ihr gespart habt, glaube aber, dass das nicht reicht. Vielleicht sollten wir von dem ausgehen, was zur Verfügung steht.«

Andrea: »Und wie viel Holz ist das?«

Mutter: »Das kann ich euch nicht sagen. Wenn ihr eure Baumaterialien angucken wollt, dann geht in den Keller, zählt die Bretter und messt sie mal aus. Florian, du weißt, wo der Zollstock liegt.«

Florian und Andrea stürmen in den Keller. Nach einiger Zeit kommen sie wieder hoch und berichten:

Florian: »Es sind 22 Holzbretter. Und alle sind fast zwei Meter lang.«

Andrea: »Und manche sind schmutzig! Die will ich nicht.«

Mutter: »Dann holt doch mal die Bretter rauf und legt sie auf der Wiese nebeneinander. Dann könnt ihr sehen, wie groß der Hausboden werden kann. Einige Bretter müsst ihr aber übrig behalten als Stützen. Wie bei einem Wasserfloß, das wir im letzten Urlaub mit euch gebaut haben.«

Andrea: »Dafür können wir die schmutzigen Bretter nehmen. Die sieht man dann nicht.«

Florian und Andrea rennen wieder in den Keller, holen die Bretter auf die Wiese und probieren eifrig aus, welche Bodengröße sie für die Astbreiten benötigen.

Florian: »Aber dann haben wir keine Wände. Mama, wie können wir denn dann Wände bauen?«

Mutter: »Jetzt haben wir doch Sommer. Und da ist es bestimmt nicht nötig, alles zuzubauen. Gibt es nicht vielleicht andere Möglichkeiten, Seitenwände zu nehmen, die nicht aus Holz sind?«

Andrea: »Wir können ja Decken oder alte Laken nehmen. Das haben wir im Kindergarten auch gemacht.«

Florian: »Und die befestigen wir mit Nägeln an den Ästen.«

Mütter: »Nägel finde ich nicht gut. Da muss uns was anderes einfallen. Nägel zerstören den Baum, rosten und lassen die Äste absterben.«

Florian: »In der Garage liegen Stricke. Dann machen wir die Decken damit fest.«

Mutter: »Gut, das Problem wäre gelöst. Und wie fangt ihr nun an?«

Florian: »Erst bauen wir die Bretter zusammen, dann trägst du den Hausboden auf den Baum, und wir machen anschließend die Decken fest.«

Mutter: »Das schaffe ich wirklich nicht. Solche Bretterböden sind schwer. Da muss es eine andere Lösung geben.«

Andrea: »Wir holen eine Leiter. Dann schaffen wir die Bretter auf den Baum. Und oben bauen wir den Boden.«

Mutter: »Dann könnt ihr schon mal alle Werkzeuge besorgen, die ihr braucht. Wir gucken dann, was fehlt und was vorhanden ist.«

Florian: »Hilfst du uns?«

Mutter: »Ja, schon, aber bauen müsst ihr selber.«

Die Kinder stürmen los.

Obgleich die Mutter von dem Vorhaben der Kinder nicht restlos angetan war, hat sie es geschafft, Andrea und Florian in ihrem starken Wunsch zu unterstützen, eine kleine Baumhütte zu bauen. Dabei hat sie weniger korrigierend eingegriffen, sondern vielmehr durch kurze Anmerkungen die *Neugierde der Kinder und ihre Fragen unterstützt*. Ihr kam es dabei weniger darauf an, alle Antworten zu liefern, als vielmehr die Kinder in ihrer Begeisterung für ihre Baumhütte zu bewegen, sich selber neue Fragen zu stellen und vor allem die Aktivitäten selber auszuführen.

Andrea und Florian haben damit in der Mutter eine Bündnispartnerin für ihr Vorhaben gefunden, die weniger korrigiert und bestimmt, als vielmehr durch ihre Anmerkungen dafür Sorge trägt, dass die beiden Kinder selber Sinnzusammenhänge entdecken konnten.

»Gartenzwerg« und ähnliche Gemeinheiten

Katharina, die seit wenigen Wochen die erste Klasse ihrer neuen Grundschule besucht, fühlt sich dort offensichtlich nicht sehr wohl. Mittags kommt sie ein wenig traurig aus der Schule zurück und erzählt auch nichts von ihrem Schulalltag. Die Eltern machen sich Sorgen und vermuten, dass in der Klasse oder in der Schule irgendwas geschieht, was Katharina beunruhigt. Sie entschließen sich, demnächst mit der Klassenlehrerin Kontakt aufzunehmen und ein Gespräch zu vereinbaren.

Am nächsten Tag allerdings erfährt die Mutter schon etwas von ihrer Tochter:

»Mama, Zwerge stehen doch immer im Garten, oder?«

»Das stimmt. Und wieso möchtest du das wissen?«

»Zwerge können doch gar nicht zur Schule gehen, oder?«

»Nein, das können sie nicht.«

»Die Jungen aus meiner Klasse sagen aber immer ›Gartenzwerg‹ zu mir.«

»Vielleicht ärgern sie dich, weil du kleiner bist als die anderen.«

»Und dann schubsen sie mich und rufen immer: ›Gartenzwerg, Gartenzwerg, bist so klein wie ein Abfallberg!‹«

»Das ist gemein, wenn andere Kinder das zu dir sagen und dich damit ausrufen.«

»Das machen die immer in der Pause und wenn ich nach Hause gehe.«

»Deswegen kommst du auch immer so traurig von der Schule heim.«

Katharina fängt laut an zu weinen, schluchzt und stammelt unter Tränen: »Ich will nicht mehr in die Schule, da sind alle nur frech zu mir.«

Die Mutter antwortet: »Sich über andere lustig machen ist schlimm. Was würde dir denn helfen, dass du dich wohler fühlst?«

»Wenn die Jungen aufhören, mich zu ärgern.«

»Und wie könnten wir das erreichen?«

»Weiß ich nicht. Vielleicht sollte Frau Becker (die Klassenlehrerin) mal mit den Jungen schimpfen.«

»Willst du ihr das einmal erzählen?«

»Kannst du nicht mitkommen und ihr das sagen?«

»Das geht. Ich rufe Frau Becker heute Nachmittag an und verabrede mit ihr ein Treffen. Gut ist es, wenn du mitkommst. Dann kannst du noch einmal genau erzählen, wer es ist und wie du geärgert wirst.«

»Rufst du jetzt an?«

Katharina geht es schlecht, zumal es immer für Kinder hart und grausam ist, wenn sie durch andere Kinder zum »schwarzen Peter« gemacht werden. Die Mutter ist sich im Klaren darüber, dass durch Außenseiterrollen Kinder immer in die Lage versetzt werden, Angst zu spüren, und sich damit mehr mit ihren Gefühlen auseinander setzen müssen, als dass sie sich auf Schulleistungen konzentrieren können. Abschwächungen wie zum Beispiel »Mach dir nichts draus!« oder gut gemeinte Ratschläge wie »Dann wehr dich und ärgere auch die anderen!« helfen Kindern überhaupt nicht, mit ihrer Traurigkeit oder Wut fertig zu werden. Was die Mutter tut, ist in diesem Zusammenhang völlig richtig: Sie strahlt Optimismus aus nach dem Motto, dass kein Problem so schwer wiegend ist, als dass es nicht gelöst werden kann. Und sie lässt Katharina vor allem mit ihren Sorgen nicht alleine.

Katharina spürt ganz deutlich, dass ihre Mutter ihr dabei helfen möchte, dass die tägliche Tortur endlich aufhört.

Bleibt zu hoffen, dass die Lehrerin nicht nur durch ihre Stellungnahme ein klares Profil zeigt, sondern auch ihren Unterricht so gestaltet, dass zum Beispiel eine Unterrichtseinheit die praktischen Probleme in der Klasse aufgreift zulasten irgendwelcher Schreib- oder Rechenlerneinheiten.

Gleichzeitig wird für Katharina der Umstand hilfreich sein, dass die Eltern sie deutlich merken lassen, was sie schon alles kann und dass sie damit trotz ihrer mangelnden körperlichen Größe im Vergleich zu anderen Kindern ihres Alters durchaus in der Lage ist, viele Vorhaben zu schaffen.

Conny und der Weihnachtsmann

Es ist Ende November, und Conny – fünf Jahre alt – kommt wie üblich müde vom Kindergarten. Sie legt sich in ihrem Kinderzimmer auf ihr Bett und döst ein wenig vor sich hin. Kurze Zeit später bittet die Mutter Conny zum Mittagessen. Conny scheint schweigsamer als sonst zu sein, doch die Mutter zügelt sich, die übliche Frage »Na, wie war's im Kindergarten?« zu stellen. Sie kann sich gut an ihre eigene Kindergarten- und Schulzeit erinnern, wo sie es gar nicht mochte, immer erzählen zu müssen.

Nach einiger Zeit beginnt Conny von sich aus ein Gespräch: »Heute im Kindergarten hat Jan gesagt, dass es eigentlich keinen richtigen Weihnachtsmann gibt. Da habe ich ihm erzählt, dass zu uns aber immer einer kommt. Jan lachte und rief, das ist ja alles Babykram. Also Mama, gibt es einen richtigen Weihnachtsmann?«

»Ja, es gibt einen Weihnachtsmann.«

»Sind die immer echt?«

»Ob das immer so ist, weiß ich nicht. Auf jeden Fall gibt es einen Weihnachtsmann, der ist echt.«

»Jan sagt aber, dass sein Onkel sich als Weihnachtsmann verkleidet hat. Sein Bart ist aus Watte, und mit einem Pferdeschlitten kommt er auch nicht.«

»Das kann schon sein, dass Jans Onkel den Weihnachtsmann spielt, weil der echte Weihnachtsmann vielleicht nicht alles allein schafft. Stell dir doch mal vor, dass er alle Kinder, und nicht nur die in unserer Straße oder unserer Stadt, sondern überall auf der Welt bescheren möchte. Das schafft er gar nicht allein. Und so hat er Helfer, die ihn bei seiner schweren Aufgabe unterstützen.«

»Aber ich denke, dafür hat er Engel, die ihm die Arbeit abnehmen.«

146

»Vielleicht haben die zu dieser Zeit andere Aufgaben. Viele sind ja als Schutzengel für Kinder unterwegs und passen auf, dass ihnen nichts Schlimmes passiert.«

»Als Antonella vom Baum gefallen ist und sich den Arm gebrochen hat, da war der Schutzengel woanders.«

»Wie ich es dir gesagt habe. Niemand kann an verschiedenen Orten zur selben Zeit sein.«

»Und woher weiß ich, dass zu uns der echte Weihnachtsmann kommt und nicht sein Diener?«

»Du kannst ihn fragen, wenn er wieder zu Weihnachten bei uns ist.«

»Das werde ich tun.«

Conny lehnt sich genüsslich auf ihrem Stuhl zurück und macht sich ihre Gedanken.

Als es im Dezember so weit ist und der Weihnachtsmann kommt, sagt Conny ihr Gedicht auf und achtet mehr auf das große Buch, das er in den Händen hält, und darauf, dass er tatsächlich viele Dinge über sie erzählt, die sie gut gemacht hat. Ein paar Sachen allerdings, über die sich ihre Eltern geärgert haben, stehen auch drin und werden vorgelesen. Zum Schluss verabschiedet sich der Weihnachtsmann und verlässt das Haus.

Mutter: »Du hast ja gar nicht gefragt, ob er nun echt oder unecht war.«

Conny: »Das brauchte ich auch nicht. Was der alles wusste, konnte nur ein echter Weihnachtsmann wissen. Unserer war echt. Schade, dass der echte Weihnachtsmann nicht zu Jan kommt. Der hätte sich gewundert.«

Kinder leben in der Zeit bis zu ihrem siebten Lebensjahr in einer Entwicklungsphase, in der sie ein »magisches Denken« entwickeln. Das bedeutet, dass sie viele Erklärungen nach ihrem eigenen Muster des Denkens verstehen und dabei so genannte Bilder *brauchen*, um eigene Erklärungen (!) gültig zu machen. Dabei spielt die Vernunft nur eine untergeordnete Rolle. Eltern, die glauben, Kinder zu einem frühen abstrakten und intellektuellen Denken »erziehen« zu müssen, sorgen dafür, dass ihnen ihre kindliche Fantasie zu früh genommen wird.

Connys Mutter zeigt mit der Art ihrer Antworten *Respekt vor dem magischen Denken* ihrer Tochter und bestätigt sie damit in der Richtigkeit ihres Kinderdenkens. Ja, die Mutter schafft es durch ihre Antworten, sich als eine für ihr Kind wichtige Vertrauensperson anzubieten, in der Conny das Gefühl hat, gut aufgehoben zu sein mit ihren Fragen.

Wenn Kinder ihr *eigenes* Denken besitzen, zerstören »Intellektualismus und Kognition« (reine Vernunft und »richtiges« Denken) entwicklungspädagogisch bedeutsame Vorgänge im Kind und lassen es selber an seiner Art der Überlegungen zweifeln. Kinder sind damit hin und her gerissen zwischen ihrer Innenwelt und der ihnen angebotenen Außenwelt, mit der Folge, dass es zu einem Ungleichgewicht von Fühlen und Denken kommt. Das Kind verliert *eigene* Einstellungen zur Richtigkeit und orientiert sich zunehmend an dem, was Erwachsene sagen. Weltbilder kommen ins Wanken und irritieren den sorgsamen Aufbau gespürter Sicherheiten.

Conny glaubt ihrer Mutter und kann gleichzeitig eine Antwort aus ihrer Erfahrung so einordnen, dass sie merkt, dass es unterschiedliche Sichtweisen zur »Echtheit eines Weihnachtsmannes« gibt. Die Antworten der Mutter lassen es zu, dass Conny letztendlich ihre Antwort selber findet.

Die Sorge vieler Eltern, dass Kinder später einmal von ihren Eltern tief enttäuscht sind über die »Unwahrheit zum Weihnachtsmann«, ist völlig unbegründet. Da gibt es wahrlich andere Sorgen, mit denen Kinder sich auseinander setzen müssen.

Angenommen, ein Kind sagt zu seinen Eltern, dass »es das gemein findet, dass es angelogen wurde, weil es ja doch keinen Weihnachtsmann gibt«, so kann dies sicherlich durch eine neue Antwort richtig gestellt werden. So können Eltern zum Beispiel antworten: »Damals hast du fest daran geglaubt. Und diesen Glauben wollten wir dir nicht nehmen. Damals, als du noch kleiner warst, wäre die Enttäuschung sicherlich größer gewesen als heute.«

Die unheimliche Nacht im Zelt

Ole hat sich zum Geburtstag ein kleines Zelt gewünscht und es auch bekommen. Stolz baut er es mit seiner Mutter auf. Alles klappt, und nun stellt er die Frage, ob er nicht einmal mit seinen Freunden darin übernachten kann. Zunächst haben die Eltern Bedenken, aber schließlich stimmen sie zu. So verabredet sich Ole mit seinem Freund Christian. Beide sind im ersten Schuljahr, und die Klassenkameraden finden es ebenfalls gut, dass Oles Eltern das erlauben. Allerdings haben die Eltern Wert darauf gelegt, dass das Zelten im eigenen, geschützten Garten stattfindet und nicht außerhalb des elterlichen Geländes.

Am Abend – alles ist geregelt, die warmen Decken und Schlafsäcke sind geholt, Knabberzeug ist dabei, und eine Taschenlampe gibt zusätzliche Sicherheit – sagen die Eltern noch ein paar Worte: »Also, wenn irgendetwas los ist, dann kommt ihr zurück ins Haus. Die Terrassentür lassen wir auf, sodass ihr schnell ins Haus kommen könnt.«

Irgendwann gegen drei Uhr in der Frühe wachen die Eltern auf. Sie haben ihre Schlafzimmertüre ebenfalls offen gelassen, um rechtzeitig zu hören, wenn die Kinder das Haus betreten. Oles und Christians Stimmen sind leise im Erdgeschoß zu vernehmen. Sie schließen die Terrassentüre und schleichen sich in Oles Zimmer.

Am nächsten Morgen, als die Eltern die beiden Jungen wecken, ergibt sich folgendes Gespräch:

Ole: »Papa, wir sind doch wieder ins Haus gekommen.«

Christian: »Das war uns zu unheimlich. Da gab es ganz viele Geräusche, und irgendwas klopfte auch gegen unser Zelt. Vielleicht ein Gespenst.«

Ole: »Im Haus konnten wir dann besser schlafen.«

Christian: »Uns war es nicht geheuer!«

Ole: »Sag mal, Papa, hast du früher, als du klein warst, auch Angst gehabt?«

Vater: »Angst kenne ich auch. Wenn ihr Angst gehabt habt, dann ist das überhaupt nicht schlimm. Nachts hört man immer mehr Geräusche als tagsüber.«

Ole: »Und wann hast du Angst gehabt, Papa?«

Vater: »Am allermeisten damals, als ich vielleicht neun Jahre alt war. Da bin ich zusammen mit anderen Jungen und einem Verein ins Zeltlager gefahren. Es war im Sommer, und in der Nähe unseres Zeltlagers gab es auch noch eine andere Gruppe von Jungen. Plötzlich gab es in der Nacht einen Überfall von den anderen. Das war nicht ernst, aber wir haben uns sehr erschrocken. Gerade wenn man fest eingeschlafen ist und plötzlich aus dem Schlaf gerissen wird, ist einem ganz unheimlich zumute. Die anderen Kinder haben die Heringe, also die Verankerungen, von den Zeltschnüren abgemacht, sodass unsere Zelte zusammengefallen sind. Zum Glück gab es immer in der Mitte unserer Zelte einen großen, festen Zeltstab, der zumindest verhindert hat, dass das ganze

Zelt flach auf die Erde gefallen ist. So konnten wir raus und die anderen Kinder verfolgen. Unsere Lagerleiter haben sich dann mit uns allen Kindern zusammengesetzt, und am Lagerfeuer konnten wir über unsere Erlebnisse und unseren Schrecken sprechen. Schließlich haben wir in Freundschaft unsere Fahnen ausgetauscht und in den Tagen darauf gemeinsam etwas unternommen.«

Christian: »Hatten Sie als Erwachsener auch schon mal Angst?«

Vater: »Das kam auch schon vor. Bei einer Bergwanderung habe ich mich völlig verlaufen. Ich wusste nicht mehr, wohin es zu unserer Hütte ging. Es wurde schon dunkel, und ich überlegte mir, wo ich am besten schlafen könnte. Rundherum sah ich nur Wald. Irgendwann konnte ich allerdings ein Licht entdecken, und so fand ich eine Hütte für Wanderer, wo ich übernachten konnte. Am nächsten Morgen fand ich den Weg gut zurück.«

Ole und Christian stehen nach den Erzählungen des Vaters auf und gehen nach dem Frühstück zu ihrem Zelt, um dort zu spielen.

Was Christian und Ole in dem Gespräch für sich erfahren konnten, war für sie von großer Bedeutung. Ihre Frage nach der Angst eines Erwachsenen wurde vom Vater *nicht* ausgeklammert oder verneint, sondern vielmehr mit zwei Beispielen aus dem eigenen Erleben bestätigt. Der Vater hat bei den Fragen der Kinder nicht versucht, sie davon zu überzeugen, dass Angst »nicht berechtigt« ist. Er hat vielmehr Wert darauf gelegt, die Kinder über *eigene Ängste zu informieren*. Gleichzeitig hat er *Beispiele aus seinem Leben* erzählt, und es ist gut zu beobachten, wie Kinder solchen Erlebnisberichten gerne zuhören.

Leider nehmen nicht viele Eltern die Möglichkeiten wahr, ihren Kindern aus ihrem Leben zu erzählen, über Freude und Angst, Trauer und Wut, gute und schlechte Erlebnisse. Kinder sind neugierig, wie ihre Eltern aufgewachsen sind, wie die Eltern ihrer Eltern wiederum mit ihnen umgegangen sind, was sich in ihrer Kindheit an besonders aufregenden Dingen abgespielt hat, wie ihre Schulzeit war, ob sie Freundinnen und Freunde gehabt haben und wie es schließlich dazu kam, dass sich die Eltern kennen gelernt haben.

Mit den Berichten zu Beispielen aus dem Leben der Eltern ist dagegen nicht eine »Erlebnisberichterstattung« gemeint, in der die Eltern lediglich davon erzählen, »wie gut sie in der Schule gewesen sind«, »wie fleißig und ordentlich sie immer ihre Hausaufgaben gemacht haben«, »wie vernünftig sie schon in jungen Jahren waren« oder »wie hilfreich auch mal eine Strafe der Eltern für sie selber als Kinder war«.

Kommen wir noch einmal auf das Beispiel zurück und die Frage von Ole, wann sein Vater schon einmal Angst hatte. Es ist bekannt, dass die Versuche, den Kindern Angst auszureden (»Davor brauchst du keine Angst zu haben«), eher dazu führen, Ängste in Kindern zu verstärken, als dass Kinder dabei ihre Ängste verlieren. Ähnlich wie im Erwachsenenalter heißt es immer noch, nicht »gegen« eine Angst anzukämpfen, sondern »mit« der Angst etwas zu tun. Dazu ein weiteres Beispiel:

Corinna und der Einbrecher

Corinna hat in den letzten Wochen häufig Albträume. Schweißgebadet wacht sie auf, ruft nach ihren Eltern und ist völlig durcheinander, wenn sie aus ihrer Schlafphase erwacht. Corinna hat auch allen Grund, unruhig und ängstlich einzuschlafen. Vor zwei Monaten ist ein Einbrecher in das Haus eingestiegen. Während er durch die Zimmer ging und nach Beute suchte, haben die Eltern fest geschlafen. Als aber der Einbrecher in Corinnas Zimmer kam und über irgendein Spielzeug stolperte, wachte das Mädchen auf und erschrak fürchterlich, in ihrem Zimmer eine dunkle Gestalt zu sehen. Sie schrie so laut, dass der Einbrecher das Weite suchte. Seit dieser Nacht träumt Corinna immer wieder von diesem schlimmen Erlebnis.

Die Eltern sind sehr besorgt, weil über das Trauma hinaus auch Corinnas Konzentration in der Schule (sie besucht die erste Grundschulklasse) nachlässt, Corinnas Verhalten insgesamt ängstlicher wirkt und sie am liebsten in der Nähe ihrer Eltern bleibt. Ihre Frage, ob der Einbrecher vielleicht wiederkommt, verneinen die Eltern mit dem Hinweis, dass inzwischen eine verstärkte Fensterscheibe eingesetzt wurde. Damit brauche sie »keine Angst mehr zu haben«. Das Verhalten von Corinna macht aber deutlich, dass sie das nicht beruhigt. Im Gegenteil – ängstlich schaut sie auch tagsüber auf das Glas und scheint zu befürchten, dass trotzdem jederzeit wieder ein Fremder in ihr Zimmer eindringen könnte.

Die Eltern können auf der einen Seite die Ängste ihrer Tochter verstehen, auf der anderen Seite sind sie aber auch etwas ungehalten. Sie haben zunächst erlaubt, dass in den ersten beiden Wochen ihre Tochter bei ihnen im Schlafzimmer übernachtete. Mit diesem Vorhaben kann ihrer Tochter aber nur kurzfristig – in jeweils diesen Nächten – geholfen werden, besser einzuschlafen. Im Grunde genommen ist dies jedoch nur ein Hinauszögern einer aktiven Angstverarbeitung. (So wird eine Person, die Angst vor Hunden hat, nicht dadurch die Angst verlieren, dass sie beim Auftauchen eines Hundes auf die andere Straßenseite wechselt.)

Aktive Angstbewältigung bedeutet daher in diesem Zusammenhang, *mit* einem Kind nach einer Antwort zu suchen und auch zu finden, die dem Kind hilft, die Angst zu bannen. So ist Corinna, als sie wieder einmal gefragt hat, ob der Einbrecher wiederkommt, eine Gegenfrage gestellt worden: »Kannst du dir vorstellen, was wir machen können, damit kein Einbrecher mehr dein Zimmer betreten kann?«

Nach einigem Überlegen fand Corinna eine Antwort: »Am besten, wir legen Glasscherben in eine große Kiste. Die stellen wir dann genau unter das Fenster. Und wenn der Einbrecher durch das Fenster kommt, tritt er in die Glasscherben. Dann verletzt er sich und haut ganz schnell wieder ab.«

Gesagt, getan. Die Eltern bauten mit ihrer Tochter zusammen (!) eine Holzkiste, schlugen viele Flaschen klein, sodass ein großer Scherbenberg entstand, und legten die Scherben dann in die Kiste. Alles kam genau unter das Fenster. Zusätzlich wurden Schnüre mit kleinen Glöckchen quer über den Fensterrahmen gespannt, die bei entsprechender Berührung die Glöckchen zum Klingeln bringen würden. Stolz schauten die Eltern und Corinna ihr Werk an.

Von dieser Nacht an konnte Corinna wieder besser schlafen, in der Gewissheit, dass sie rechtzeitig aufwachen würde. Der Vater tat noch ein Drittes. Er legte einen einfachen Klingeldraht mit einer Kontaktschleife vom Fenster zu sich ins Schlafzimmer und demonstrierte seiner Tochter, was passiert, wenn jemand das Fenster öffnet.

Kinderfragen – gerade wenn es um Ängste geht – können gar nicht ernst genug genommen werden, und Versuche, Gefühle auszureden oder mit vielerlei rationalen Gründen zu entkräften, bleiben zwecklos.

So wie Ole und Christian erfahren konnten, dass der Vater sie nicht von der Bedeutungslosigkeit ihrer Ängste überzeugen wollte, sondern stattdessen den Kindern die Möglichkeit bot, Ängste zu thematisieren, so haben die Eltern von Corinna ihrer Tochter geholfen, mit eigenen Ideen die Angst zu verarbeiten.

Hier zeigt sich in deutlicher Form der Unterschied zwischen »Erziehung« und »Entwicklungsbegleitung«, in der Kinder zum Ausgangspunkt ihrer Fragen gemacht werden, und nicht die Vorstellungen von Erwachsenen.

Elternantworten als Spiegelbild eigener Gefühle und des Erziehungsverhaltens

Wenn elterliche Vorurteile sichtbar werden

Marian scheint in der letzten Zeit richtig aufgeblüht zu sein. Immer wenn er aus dem Kindergarten kommt, berichtet er fröhlich von Lennard, der mit ihm spielt und ein ganz guter Freund ist. Die Eltern sind froh darüber, dass ihr Sohn endlich einen Spielpartner gefunden hat, zumal sie in der Vergangenheit häufig die Erfahrung machen mussten, dass sich bisherige Freunde von Marian zurückgezogen hatten.

Die Eltern werden immer neugieriger, wer sich hinter dem Namen Lennard verbirgt, und bieten ihrem Sohn an, ihn doch einmal mit nach Hause zu bringen. Marian ist davon begeistert, und so kommen eines Tages beide Kinder nach dem Kindergartenbesuch direkt ins Haus der Eltern. Schon beim ersten Blick sind sie irritiert. Lennard ist von dunkler Hautfarbe und spricht nur ein gebrochenes Deutsch. Wie sich durch Fragen herausstellt, ist Lennard Afrikaner, und sein Vater ist mit der Familie nach Deutschland gezogen, weil er Angst um die Sicherheit seiner Frau und Kinder in dem Land hatte, aus dem sie stammen.

Nachdem Lennard und Marian den ganzen Nachmittag fröhlich miteinander gespielt haben und Lennard sich schließlich verabschiedet hat (der Vater hat seinen Sohn pünktlich zur vereinbarten Zeit abgeholt), kommt Marian ins Wohnzimmer, wo beide Eltern in eine Unterhaltung vertieft sind.

Vater: »Sag mal, Marian, findest du das gut, einen schwarzen Jungen als deinen Freund zu haben?«

Marian: »Ja, mit dem kann ich echt gut spielen.«

Vater: »Kannst du ihn überhaupt verstehen, wenn er was sagt? Schließlich kommt er aus einem fremden Land.«

Marian: »Wir verstehen uns wirklich gut.«

Mutter: »Ist Lennard schon lange im Kindergarten?«

Marian: »Noch nicht so lange. Die wohnen in einem Haus, wo viele andere Leute wohnen. Ich glaube Chinesen, Japaner und aus noch anderen Ländern.«

Vater: »Das hast du uns doch noch gar nicht erzählt. Wann bist du denn da gewesen?«

Marian: »Wir alle waren aus dem Kindergarten da und haben Lennard besucht.« – Pause – »Wollt ihr nicht, dass Lennard mein Freund ist?«

Vater: »Eigentlich nicht. Es gibt noch so viele andere Kinder in unserer Straße, mit denen du spielen kannst. Warum muss es ausgerechnet ein Schwarzer sein?«

Marian: »Ihr seid gemein. Im Kindergarten hat uns Frauke (die Erzieherin) gesagt, dass alle Menschen gleich sind. Lennard hat euch nichts getan.«

Vater: »Vielleicht muss Lennard bald wieder wegziehen, und wenn ihr euch aneinander gewöhnt, dann wird der Abschied umso schwerer.«

Marian rennt weinend aus dem Zimmer und wirft die Tür hinter sich zu. Die Mutter meint zum Schluss: »Darüber, dass Kinder aus dem Asylantenheim im Kindergarten aufgenommen werden, hätte man uns als Eltern vorher unterrichten müssen.«

Hier wird deutlich, dass alle Aussagen der Eltern voll besetzt mit *Vorurteilen* sind. Dadurch dass sie in einem »guten Wohnviertel« ihrer Stadt ihr Haus haben, sind sie besorgt, dass sie vielleicht ins Gerede der Nachbarn geraten oder sonst in irgendeiner Art und Weise Nachteile bekommen könnten. Dass sie damit nicht nur ihren Sohn Marian in Schwierigkeiten stürzen, sondern auch einer gefährlichen Tendenz der gesellschaftlichen, sozialen und politischen Ausgrenzung ausländischer Bürger ganz aktiv Vorschub leisten, scheinen sie nicht zu bemerken. Hier sollten sich Eltern ein Vorbild an Marian nehmen, der selbstverständlich, frei und unvoreingenommen mit einem Kind spielt, weil es sein Spielpartner wurde.

Elternantworten, bestückt mit Vorurteilen, schaffen Grenzen und übertragen eigenes Unvermögen, eigene Wahrnehmungsblockaden auf Kinder, mit der Auswirkung, dass Kinder ihre ursprüngliche Offenheit verlieren.

Wenn Kinderfragen stören, nerven oder eigene Ängste berühren

»Papa, kannst du mir mal bitte helfen? Ich kriege einfach den Motor nicht mehr in den Wagen zurück.« Boris sitzt seit längerer Zeit an einer Arbeit, mit rotem Kopf und roten Ohren, und versucht verzweifelt die Einzelteile seines demontierten Autos wieder zusammenzufügen.

Der Vater reagiert lautstark: »Kannst du nicht gefälligst deine Arbeiten erledigen, ohne mich immer zu stören? Kaum sitze ich mal fünf Minuten im Sessel, schon geht's mit deinen Fragen rund. Papa, kannst du hier mal, Papa, warum ist das so und so? Lerne endlich, dich selber zu beschäftigen und nicht andere Leute zu stören. Du siehst doch, dass ich Fußball gucken will.«

Boris scheint diese Antwort auf seine Fragen schon zu kennen, denn kaum ist das »Donnerwetter« seines Vaters abgeklungen, baut er wie selbstverständlich an seinem Auto weiter.

Wenn Kinder auf ihre Fragen hin bewertet oder mundtot gemacht werden, erleben sie Folgendes: Offensichtlich sind ihre Fragen in der Regel etwas, *was andere stört*, und dieser direktive Hinweis auf eine Störung wird zugleich der fragenden Person angelastet, ganz nach dem Motto »Weil du mich fragst und mich damit störst, ärgerst du mich. Deine Fragen ärgern mich. Lass sie sein und halte den Mund.« Eine solche Antwort drückt auch aus, dass Neugierde oder ein Hilfeersuchen offensichtlich nicht geschätzt werden.

»Selbst ist der Mann« – eine solche Haltung kann Härte gegen sich und andere bewirken und weiterhin dazu führen, dass Hilfe für sich und andere als Schwäche gewertet wird. Damit würde einer zunehmenden Vereinzelung ebenfalls Vorschub geleistet werden.

»Mama, was ist, wenn man stirbt. Kommen die Menschen dann in den Himmel?«

Die Mutter schaut Lisa mit großen Augen an. »Also, welche Fragen du in der letzten Zeit stellst! Hast du die vielleicht von der neuen Kindergärtnerin gehört, oder was?«

Lisa gibt nicht auf: »Nun sag doch, Mama, kommen alle Menschen, wenn sie sterben, in den Himmel oder nicht?«
»Das weiß ich nicht«, antwortet die Mutter. »Darüber brauchst du dir auch noch keine Gedanken zu machen. Erst wenn du älter bist.«
»Mama«, kontert Lisa, »glaubst du, dass du mal in den Himmel kommst?«
Die Mutter wird langsam ungeduldig. »Darüber habe ich noch nicht nachgedacht. Kümmere dich lieber darum, dass du mal dein Zimmer aufräumst.«

Sicherlich können und müssen Eltern nicht immer auf alle Fragen ihrer Kinder eine Antwort haben. Es gibt viele Kinderfragen, in denen es um Sachinformationen geht, die zum Beispiel auch aus einem Kinder- oder Erwachsenenlexikon beantwortet werden können. Allerdings ist der Hinweis auf einen *späteren Beantwortungszeitpunkt* nicht dazu geeignet, Kinderfragen ernst zu nehmen. Hier spüren Kinder eher, dass den Eltern ihre Fragen lästig sind und Neugierde unerwünscht ist. Anders ist es mit Kinderfragen, die tatsächlich wegen fehlenden Wissens zum derzeitigen Fragezeitpunkt unbeantwortet bleiben müssen, wobei der Hinweis auf ein gemeinsames Antwortsuchen keine Ausrede oder Flucht ist. Eltern, die so wie im obigen Beispiel reagieren, zeigen aber ihr Desinteresse an der Weiterentwicklung der Denkfähigkeiten ihres Kindes.
Natürlich kann es auch zutreffen, dass den Eltern die Fragen ihres Kindes *peinlich* sind oder sie selber in Lebensbereichen getroffen werden, denen sie sich selbst (noch) nicht stellen möchten. Eine Auseinandersetzung mit einem Kind über eine »heikle« Frage wie zum Beispiel

- Wie bin ich bei meiner Geburt aus deinem Bauch gekommen?
- Kommen Menschen in den Himmel und können sie uns dann sehen?
- Wie komme ich in deinen Bauch hinein?
- Wieso bin ich ein Junge und kein Mädchen?
- Wo war ich, als ich noch nicht in deinem Bauch war?

bedeutet auch immer, sich mit sich selber zu beschäftigen. Antworten auszugrenzen heißt, dass Kinder in einer bewussten Unkenntnis belassen werden. Gleichzeitig ist es ein Schutz für sich selbst, vor allem elementaren Fragen aus dem Weg zu gehen, Fragen, die auch unsere Existenz als Erwachsene berühren. Gerade bei den Elternantworten in Form eines »Davon-will-ich-nichts-mehr-Hören« hat die eigene Gereiztheit einen Siedepunkt erreicht, der nicht mehr steigerungsfähig ist.

Bevor es daher zu solchen »Zeitverschiebungsantworten« kommt, ist es die Aufgabe von Eltern, sich im Voraus mögliche Antworten zu überlegen und sich mit den *eigenen* Peinlichkeiten auseinander zu setzen, um zum Beispiel Antworten auf die Fragen zu erhalten, wo die eigenen gefühlsmäßigen Berührungen Ängste auslösen.

Kann es zum Beispiel bei den Kinderfragen mit sexueller Thematik daran liegen, dass persönliche Erfahrungen mit der Sexualität als problematisch erlebt werden? Glaubt man als Elternteil vielleicht, dass nun die gesamte Aufklärung der Kinder ansteht? Sind es vielleicht Worte, Begriffe, die Unsicherheiten auslösen, oder hat sich der Sexualbereich vielleicht in der eigenen Sexualität zu einem »wortlosen Tabu« entwickelt? Günstig ist es daher immer, mit dem Partner, der Partnerin oder einer Freundin, einem Freund über Sexualität zu *sprechen*, Vermutungen zu formulieren und Wünsche zu äußern, ohne aus der eigenen Fantasie heraus in einer reinen Gedankenwelt verstrickt zu sein.

Und auf die Fragen der eigenen Kinder gibt es ebenso einfache wie richtige Antworten:

»Wie bin ich bei meiner Geburt aus deinem Bauch gekommen!« – »Aus der Scheide.«

»Wie komme ich in deinen Bauch hinein?« – »Durch die Befruchtung mit Papas Samen.«

»Wieso bin ich ein Junge und kein Mädchen?« – »Weil die Befruchtung das bestimmt hat.«

»Wo war ich, als ich noch nicht in deinem Bauch war?« – »Da gab es dich noch nicht.«

Gerade bei den letzten beiden Fragen könnte allerdings keine Information gefragt sein, sondern vielmehr eine Sicherheit oder eine Gefühlsannahme, die durch eine Verunsicherung ausgelöst wurde. Da könnten auch Gegenfragen gestellt werden, zum Beispiel:

»Wärst du lieber ein Mädchen und würdest du dich mehr darüber freuen?«

»Vielleicht hast du sogar schon selber eine Antwort. Wie stellst du es dir denn vor, wo du vorher gewartet hast, bis du in meinen Bauch gekommen bist?«

»Warum?« – »Darum!«

Mona knabbert lustlos an ihrem Abendessen herum. Sie weiß um die elterliche Regel, dass zu jeder Mahlzeit etwas gegessen werden muss. Trotzdem schafft Mona es einfach nicht, etwas herunterzuschlucken.

»Warum muss ich denn was essen?«

»Darum.«

Sicherlich kann es Eltern einmal zu viel werden, auf alle Fragen ihres Kindes eine Antwort zu geben, weil bekanntterweise eine Antwort eine neue Frage auslösen kann. Unabhängig davon sind aber so genannte Darum-Splitter nicht geeignet, Erklärungen für Kinder zu liefern. Monas Mutter hätte sicherlich besser gesagt, dass Mona selbstverständlich dann nicht zu essen braucht, wenn sie keinen Hunger hat. Allerdings müsste sie dann bis zur nächsten Mahlzeit warten oder sich selber was zu essen machen.

Schauen wir uns in der Breite von Antwortmöglichkeiten um und legen wir besonderen Stellenwert auf diese »Darum-Splitter«, dann werden diese verkürzten, unvollständigen, inhaltsleeren Begründungen meist dann gegeben, wenn Erwachsenen *selber die Erklärungen fehlen.* Das zeigt sich besonders häufig bei eingefahrenen Regeln in der Familie. Regeln, die dadurch Bestand haben, dass sie weiterhin aufrechterhalten werden sollen, ohne zu erlauben, dass sie in Frage gestellt werden.

Gleiche Antwortmuster lauten etwa so:

»... weil das so ist.«

»... darauf gibt es jetzt keine Antwort.«

»... damit musst du dich jetzt abfinden.«

»... solange du hier wohnst, hast du das zu akzeptieren.«

»... darüber gibt es keine Diskussion.«

»... das weißt du selber am besten.«

»... weil es immer so war.«

Elternantworten in dieser Form lassen deutlich werden, dass es ihnen um Machtansprüche und Durchsetzung geht. Kinder werden nicht als gleichwertige Partner akzeptiert. Das kann gerade bei jüngeren Kindern zwei Folgen haben:

164

1. Kinder resignieren und vermeiden es, weitere Fragen zu stellen, aus der Ohnmacht heraus, Situationen nicht beeinflussen zu können (nach dem Motto: Wenn ich sowieso nichts ändern kann, dann werden auch neue Änderungsversuche nichts bewirken);
2. Kinder rebellieren aus der Angst heraus, grundsätzlich in ihrem Wunsch nach Bestätigung auch in Zukunft unberücksichtigt zu bleiben (nach dem Motto: Wenn ich jetzt nicht erneut versuche mich durchzusetzen, dann schaffe ich es nie).

Machtkämpfe und Kommunikationsfallen, die von Eltern (un)bewusst aufgebaut werden und sich zu einer festen Struktur entwickeln (können), entstehen häufig dort, wo Eltern ihre Kinder nicht mit dem verstehen (wollen), was Kinder fragen oder wissen möchten. Erwachsene, die lieber ihre Ruhe haben möchten, als Kinderfragen zu beantworten, neigen zu »abbügelnden« Äußerungen. Dahinter steckt eine ganze Welt an eigenen Unzufriedenheiten, die auf Kinder übertragen werden.

Kinder, die eine für sie befriedigende Antwort erhalten oder gefunden haben, brauchen nicht aus einer Ohnmacht heraus zu kämpfen. Dasselbe gilt für Eltern.

Es geht auch anders: Ein konstruktiver Dialog

Benno, sieben Jahre alt, sitzt an seinem Tisch im Kinderzimmer und betrachtet unter seiner Lupe eine Fliege. Diese läuft etwas unbeholfen auf der Tischplatte hin und her. Bennos Mutter ruft ihn zu sich. Darauf ergibt sich folgender Dialog zwischen den beiden:

»Ich kann jetzt nicht kommen. Gerade beobachte ich eine Fliege, die auf dem Tisch herumkrabbelt.«

»Dann sei vorsichtig, dass sie nicht wegfliegt.«

»Geht nicht, die hat keine Flügel mehr.«

»Wie, die hat keine Flügel mehr? Wie ist das denn möglich?«

»Die habe ich ihr vorher vorsichtig abgeschnitten.«

Die Mutter stürmt ins Zimmer und guckt durch Bennos Vergrößerungsglas.

Sie sagt: »Das tut der Fliege aber sicherlich weh.«

»Glaub ich nicht. Sie hat auch nicht geschrien. Ich hab das gemacht, weil ich eine Frage beantworten will.«

»Und welche?«

»Fliegen heißen doch Fliegen, weil sie fliegen können. Jetzt, wo sie nicht mehr fliegen kann, dürfte sie auch nicht mehr Fliege heißen. Oder?«

»Das könnte man annehmen. Wie würde deiner Meinung nach ein Mensch heißen, dem durch einen Unfall ein Arm oder die Beine wegoperiert werden würden?«

Benno überlegt: »Der ist dann behindert«, gibt er zur Antwort.

Worauf seine Mutter sagt: »Das stimmt. Aber ist er dann kein Mensch mehr?«

»Doch.«

»Also ist ein Mensch immer ein Mensch, auch wenn er eine Behinderung hat.«

Benno überlegt weiter: »Dann ist eine Fliege ohne Flügel auch immer noch eine Fliege.«

»Genauso ist es. Und was machen wir jetzt mit der Fliege?«

»Die bring ich nach draußen. Da kann sie einen schönen Lebensabend verbringen.«

(Anmerkung: Offenbar hat Benno den Begriff »Lebensabend« bei der Diskussion der Eltern aufgegriffen, als diese sich über die mögliche Unterbringung ihres Vaters in einem Seniorenhaus unterhalten haben.)

Was bei dieser Frage-Antwort-Frage-Auseinandersetzung zwischen Benno und seiner Mutter gefällt, ist dreierlei:

1. Die Mutter überfällt ihren Sohn nicht sofort mit irgendwelchen moralisierenden Vorwürfen zur Tierquälerei. Dennoch weist sie Benno auf die Schmerzen des Tieres hin.
2. Die Mutter lässt dem Forscherdrang ihres Sohnes dadurch Platz, dass sie ihn durch ihre ruhige Art nicht durcheinander bringt.
3. Die Mutter *stellt neue Fragen*, durch die ihr Sohn motiviert wird, selber Antworten zu finden; und durch die Beantwortung seiner Fragen wird er weitere Tiere mit Sicherheit nicht in Bedrängnis bringen.

Damit gelingt es der Mutter, ihrem Sohn zu helfen, sich auf der einen Seite bei seinen Fragen nicht schuldig zu fühlen, auf der anderen Seite aber auch Sinnzusammenhänge zu begreifen, die ihn in seiner Denkentwicklung hilfreich unterstützen.

Ähnlich wichtige Fragen können zum Beispiel wie folgt lauten:

»Und was glaubst du, wie das geht?« Oder: »Was meinst du, warum das so ist?«

Genauso kann aber auch eine Aussage getroffen werden, die von einer Behauptung unterstützt wird, wenn Eltern ihre Kinder dazu motivieren wollen, selber eine Antwort zu finden. Etwa:

»Bestimmt weißt du schon genau, warum das so ist.« Oder: »Du kennst bestimmt schon die Antwort selber.«

Es ist dabei wirklich erstaunlich, wie häufig Kinder dann ihre Antworten sagen, auch wenn sie aus unserer »Erwachsenensicht« nicht immer stimmen und mehr dem »magischen Denken« der Kinder entsprechen. Entscheidend ist, *dass* Kinder für sich eine Antwort gefunden haben.

Konsequenzen auf den Punkt gebracht

Kinder müssen fragen

Kinder haben zu allen Zeiten, in allen Geschichtsepochen und in allen Teilen der Welt *ihre* Fragen gestellt. Alles, was sie nicht begreifen und verstehen konnten, wurde als Frage thematisiert. Nicht anders ist es in unserer heutigen Welt, in der Kinder aufwachsen. Allerdings mit dem Unterschied, dass besondere ökonomische Verhältnisse, ökologische Ereignisse und die Mehrdeutigkeit von Situationen sowie der teilweise ungehemmte Einfluss von Reizen auf Kinder Spuren hinterlassen. Spuren, denen Kinder in ihrer Entwicklung häufig hinterherhinken und die sie zu erfassen versuchen.

Der griechische Philosoph Sokrates stellte zu seiner Zeit den Menschen, mit denen er zu tun hatte und von denen er umgeben war, unentwegt Fragen, weil für ihn nichts so war, wie es war. Er fragte sich vielmehr, warum vieles so sein *musste* oder *sollte*. Die Menschen von Athen waren schließlich so erbost über seine Frageaktivität, dass sie ihn zum Tode verurteilten.

Fragen können verwirren, sie können irritieren und verärgern, Freude auslösen oder traurig machen, Sicherheiten vermitteln oder gefundene Sicherheiten zum Einsturz bringen. Wenn es daher gilt, dass Erwachsene die besondere Aufgabe haben, Kinder in ihrer Entwicklung zu begleiten und zu unterstützen, dann versteht es sich von selbst, Kinderfragen zu hören, zu verstehen und bei der Beantwortung Kindern zu helfen.

Kinderfragen sind ein Teil des Lebens, der nur dadurch berücksichtigt wird, wenn sie auch wirklich voller Respekt aufgegriffen werden. Insofern soll an dieser Stelle noch einmal der Bereich von Kinderfragen in Kürze zusammengefasst werden.

31 Anregungen

1. Es gibt keine wichtigen oder unwichtigen Kinderfragen. Jede Frage, die von Kindern gestellt wird, hat ihren Grund und ist allein durch ihre Existenz von Wichtigkeit geprägt.
2. Hinter vielen Kinderfragen steckt eine ganze Welt voller Erfahrungen und Wünsche, Ängste und Sorgen. Wir sollten als Erwachsene nicht annehmen, dass mit jeweils einer Frage auch nur diese *eine* Frage gemeint ist.
3. Kinderfragen verlangen nach Zeit, die Erwachsene für Kinder aufbringen müssen. Schnelles Abspeisen mit Antworten verhilft Kindern kaum oder gar nicht dazu, sich auch mit Antworten auseinander setzen zu können.
4. Viele Kinderfragen scheinen nur auf das erste Hören einer Sachantwort zu zielen, die mehr oder weniger einfach ist. Bei einer Reihe von Kinderfragen geht es aber um »indirekte« Antworten, die Erwachsene nur dadurch begreifen können, wenn auf die Selbstoffen-

barung der Frage geachtet wird (was ein Kind *eigentlich* wissen möchte).

5. Keine Kinderfrage ist dumm! Wäre sie tatsächlich überflüssig, würde ein Kind sie nicht stellen.

6. Kinderfragen sind häufig der Anfang für sehr ernst zu nehmende Unterhaltungen. Wer Kinderfragen wertschätzt, nimmt Kinder auch als gleichwertige Gesprächspartner ernst.

7. Auch wenn Kinder auf viele Fragen eine Antwort haben möchten, so ist es eine durchgängige Erfahrung, dass sie häufig auch schon selbst Antworten für sich gefunden und innerlich formuliert haben. Bei einem Antwortgeben vergleichen sie ihre Antwort mit der des Erwachsenen. Aufmerksame und freundliche Gegenfragen sind daher nicht selten die besten Antworten.

8. Kinderfragen sind eine Form des Philosophierens. Dabei kann mit Spaß und Ernst zugleich gemeinsam über Bedeutungen und Sinnzusammenhänge nachgedacht werden, um Möglichkeiten zu entdecken, Fantasien zu entwickeln oder Ideen zu verfolgen.

9. Kinderfragen haben einen Sinn, den es für Erwachsene zu erfassen gilt. Die Art der Kinderfragen gibt häufig Auskunft darüber, wie einem Kind zumute ist und was die Seele eines Kindes beschäftigt.

10. Kinder stellen Fragen, weil sie etwas nicht verstanden oder durchlebt haben. Ihre Fragen tragen dazu bei, dass neue Erfahrungen ins weite Spektrum der Verhaltensbereiche von Kindern aufgenommen werden können.

11. Kinderfragen zeigen die ungebremste Neugierde der Kinder, ihr Erlebnisumfeld zu erfassen. Kinderfragen sind damit nicht nur Hilfen zur Verarbeitung von Un-

bekanntem, sondern auch Vorbereitung auf das weitere Leben.

12. Kinderfragen resultieren aus einer Neugierde heraus, Dinge erklärbar zu machen. Unbeantwortete oder bewertete Fragen können Neugierde ersticken und lähmen damit die Kraft, die für das Wachsen der Intelligenz verantwortlich ist.

13. Kinderfragen sind häufig Bewunderungen von Ereignissen, deren Sinn die Kinder in ihrer ganzen Breite für sich nutzbar machen möchten. Insofern ist ein Staunen der Kinder nicht zufällig, sondern das Ergebnis von Betroffenheit.

14. Kinderfragen ziehen ihre grundsätzliche Berechtigung aus der unwidersprochenen Tatsache, dass es zu jedem Warum auch ein Darum, zu jedem Weshalb auch ein Deshalb gibt.

15. Kinderfragen können sich am besten dort entwickeln, wo Kinder ihre Welt als demokratisch, wenig vorurteilsbeladen und verständnisvoll erleben.

16. Kinderfragen ergeben sich häufig aus dem aktiven Tun, weniger aus dem Reden. Daher ist es hilfreich, Kindern zu ermöglichen, viele Handlungserfahrungen zu machen.

17. Kinderfragen können sich dann am besten entwickeln, wenn Kinder nicht von einer Menge an Spielzeug, Medieneinflüssen oder Überbehütung erdrückt werden. Genauso können sich auch nur dort Kinderfragen ergeben, wo Kinder eine grundsätzliche Sicherheit spüren: bei Eltern und Elternteilen, die für sie da sind, wenn Kinder sie brauchen.

18. Kinderfragen können sich auch aus Fehlern ergeben, die Kinder machen. Da Kindern der Erfahrungsschatz vieler Erwachsener fehlt, können und müssen

Vorhaben und Experimente der Kinder auch dann zugelassen werden, wenn wir Erwachsenen vom Scheitern bestimmter Tätigkeiten im Voraus überzeugt sind. Das hat selbstverständlich dort seine Grenzen, wo das körperliche Wohl des Kindes oder anderer Kinder in Gefahr gerät.

19. »Peinliche« Kinderfragen dürfen und können nicht den Kindern angelastet werden. Vielmehr geht es darum, als Erwachsener für sich zu klären, warum für einen selber die Frage des Kindes peinlich ist.

20. Kein Erwachsener muss auf jede Frage sofort eine Antwort wissen. Allerdings sollten Erwachsene dafür Sorge tragen, dass das Kind zu (s)einer Antwort findet.

21. Kinderfragen ergeben sich aus der besonderen Art des Denkens von Kindern. Es ist Aufgabe der Erwachsenen, sich in ihr magisches, von Bildern und Mythen besetztes Denken hineinzuversetzen.

22. Fragen und Antworten sind ein fester Bestandteil unserer Kommunikationskultur. Kinderfragen zu beantworten oder mit Kindern gemeinsam auf die Suche nach Antworten zu gehen bedeutet demnach, sorgsam Kommunikationskultur zu pflegen.

23. Kinderfragen beinhalten häufig ethische Annahmen und wertorientierte Grundlagen oder Meinungen. Antworten sind daher dazu geeignet, Ethik und Werte mit Kindern zu erfahren.

24. Kinderfragen entstehen aus der Freiheit der Kinder, sich *ihre* eigenen Gedanken zu machen. Kinderfragen aufzugreifen und wertzuschätzen bedeutet, Kindern zu einer Freiheit zu verhelfen, in der Belastungen und Nöte *nicht* zum Ausgangspunkt des Handelns werden müssen.

25. Kinderfragen, die nicht beantwortet werden können,

finden vielleicht durch Bilderbücher oder Kindertexte ihre Antwort. Dort kann ein Kind verweilen. Anders ist es mit Fernsehen, Computer- und Videospielen. Actionszenen können Kindern nicht helfen, Antworten auf ihre Fragen zu finden.

26. Tagträume und Fantasien sind ein Teil der Konzentration der Kinder auf sich selbst. Sehr häufig beschäftigen sich Kinder gerade in dieser Zeit mit ihren Fragen und Antworten. Daher sollte Kindern immer die Chance gegeben werden, auch Tagträume und Fantasien in ihrem Leben zu behalten.

27. Kinderfragen ergeben sich aus der Teilhabe am verantwortungsvollen Leben der Erwachsenen. Nicht der Aufbau marktorientierter »Kinderkultur« und das Hineindrängen von Kindern in isolierte Schutzräume und spezialisierte Fördereinrichtungen hilft Kindern dabei, Antworten zum Leben zu finden, sondern vielmehr das natürliche Aufwachsen in erlebten Sicherheiten fester Beziehungen zu Erwachsenen.

28. Kinderfragen halten das Denken in stetiger Bewegung. Das Nichtwahrnehmen von Kinderfragen oder ständige Beliefern mit fertigen Antworten führt zum Stillstand.

29. Belehrungen auf Kinderfragen ziehen deutliche Denkgrenzen mit sich.

30. Kinderfragen sind ein Ausdruck von Lust, mit eigenen Gedanken und denen anderer zu spielen.

31. Kinderfragen sind ehrliche Zeugnisse darüber, dass Kinder den Mut haben, das in Erfahrung zu bringen, was ihnen wichtig ist. So war es zum Beispiel im Märchen von des Kaisers neuen Kleidern ein Kind, das die Wahrheit darüber ausgesprochen hat, dass der Kaiser keine Kleider trug.

Nachwort

Im Laufe meiner über 20-jährigen Arbeit mit Kindern habe ich erfahren dürfen, dass Kinder mit ihren Fragen und Auseinandersetzungen mit den Antworten eine Genialität an Offenheit und Neugierde an den Tag legen, die mich immer wieder staunen lässt. Gleichzeitig bringen und brachten Kinderfragen mich dazu, nachdenklich zu spüren, wie umständlich und verschroben meine eigenen Fragen häufig geworden sind. Die Auseinandersetzung mit Vermutungen über das, was sein *könnte*, die Beachtung von Konventionen und der fehlende Mut, diese deutlich zu hinterfragen, die Verdeckungen von offensichtlichen Wahrheiten, die allerdings schmerzhaft zu erfahren waren, oder die frühzeitige Akzeptanz von Meinungen anderer ließen mich häufig meine ursprüngliche Energie und Zielgerichtetheit vergessen. Kinderfragen haben es dagegen geschafft – allein durch ihre Unbefangenheit –, mich wieder wachzurütteln und staunend den Fragen selber zu lauschen.

»Warum bist du heute so traurig? Hat dich vielleicht jemand geärgert?«, fragte mich einmal ein fünfjähriges Mädchen, das von ihren Eltern vernachlässigt wurde und wegen unterschiedlicher Symptome zu mir in die Spieltherapie kam. Es konnte nicht wissen, dass ich in diesem Augenblick ihr Leid vor Augen hatte.

»Warum kannst du nicht mein Papa sein?«, fragte einmal ein sechsjähriger Junge in einem norddeutschen Kindergarten, in dem ich eine Kinderbeobachtung durchgeführt und zwischenzeitlich mit dem Jungen gespielt habe.

»Willst du mein Freund sein?«, fragte in einem Kindergarten ein fünfjähriges Mädchen, von dem ich wusste, dass es wegen seines poltrigen Auftretens und seines äußeren Erscheinungsbildes von allen Kindern in der Gruppe abgelehnt wurde.

»Wieso musst du immer was aufschreiben, wenn ich bei dir bin«, fragte ein achtjähriger Junge während einer Therapie, »bin ich dir unwichtiger als das blöde Papier, auf das du schreibst?«

Kinder treffen den Nagel mit ihren Fragen auf den Kopf. Leo Tolstoi drückte es einmal so aus:

> »In der Kindheit, beim Eintritt in das Leben,
> erfassen wir dessen ganzes Geheimnis,
> fühlen, dass das Leben mehr ist als nur das,
> was unsere Sinne uns vermitteln.
> Später verlieren wir dieses Vorgefühl
> oder Nachgefühl
> der ganzen Tiefe des Lebens.«

Kommentierte Literaturhinweise für Eltern und Erzieherinnen

Vielleicht sind durch dieses Buch eigene Fragen aufgetaucht, die nur unvollständig oder gar nicht berücksichtigt wurden. Vielleicht besteht aber auch ein Interesse, sich noch ausführlicher mit dem spannenden Themenbereich »Kinderfragen« zu beschäftigen. Für alle interessierten Eltern und Erzieherinnen soll daher an dieser Stelle eine kleine Übersicht an entsprechender Literatur genannt werden, die dabei helfen kann, das weite Feld der Kinderfragen noch intensiver zu verstehen.

Diese Literaturhinweise haben keinen Anspruch auf Vollständigkeit. Sie ergeben sich aus der Kenntnis der Bücher zu diesem Thema. Dabei haben dem Autor einige Veröffentlichungen besonders gefallen.

Ferrari, Renate: *Wörter haben bunte Flügel. Mit Fantasie in die Welt der Sprache*
Freiburg: Christophorus 1998
Sprache braucht Fantasie und Fantasie macht Sprache zum Erlebnis. Mit dieser Ausgangsthese unternimmt Renate Ferrari eine lebendige Reise in die Welt der Wörter, Wortschöpfungen und Gespräche mit Kindern und deren sorgsame Sprachnutzung. So handelt das Buch vom Hörenlernen, aufmerksamen Zuhören und Verstehen, vom Aufbau der Sprach- und Sprechfähigkeit der Kinder, von der Ent-

deckung der mittelbaren und unmittelbaren Umwelt, vom Spielen mit Wörtern und von der Möglichkeit, mit Wörtern Sinne und Gefühle zu wecken. Das Buch ist dabei ganz praktisch ausgelegt und beinhaltet viele Sprach- und Sprechspiele, zum Beispiel zum Erfinden von Geschichten, und es lädt ständig dazu ein, mit Sprache lustig zu experimentieren.

Glage, Benita: *»Warum bleibt der Gott im Himmel?« Mit Kindern über das Leben nachdenken. Ein Lesebuch*
München: Kösel 1992
Kinder stellen Fragen »über Gott und die Welt«. Dabei suchen sie nach Antworten, um auch die spirituelle Dimension des Lebens, ihres Lebens zu erfassen. Auf der einen Seite ist es möglich, kurze, religionsorientierte Antworten zu geben. Auf der anderen Seite bietet es sich an, gemeinsam mit Kindern über spirituelle und religiöse Fragen nachzudenken. Diesen zweiten, gelungenen Weg hat die Autorin gewählt. Ihr Buch greift entsprechende Kinderfragen auf und erläutert anhand von vielen Gedankenimpulsen und ansprechenden Texten eine Form von Antwortenannäherung, die sowohl Erwachsene wie gleichermaßen Kinder ansprechen kann. Die Kinderfragen können eine Spurensuche auslösen, um auf eine spannende Entdeckungsreise zu gehen. Kinder helfen mit ihrer Suche nach (Sinn-)Antworten auch den Erwachsenen, immer wieder nach Sinnbedeutungen Ausschau zu halten.

Hofmann, Helga und Kopp, Ursula: *Das große Buch der Antworten auf Kinderfragen*
Niedernhausen: Falken 1993
Die beiden Autorinnen haben den erfolgreichen Versuch unternommen, auf die vielen alltäglichen Kinderfragen zu

den »Dingen der Welt« einfache, kindgemäße Antworten zu finden, in denen es um die sachrichtige Information zur logischen Erklärung von Alltagsereignissen geht. Die Fragen und Antworten sind dabei in sechs Fachgebiete gegliedert: Menschen, Erde, Tiere, Pflanzen, Weltraum und Wissenschaft/Technik. Jedes der sechs Kapitel ist in mehrere untergeordnete Themenbereiche gegliedert, wobei es sich die beiden Autorinnen nicht nehmen lassen, trotz aller Sachinformation auch kleine Scherzkästchen einzufügen. Das Buch kann sicherlich auf zweierlei Art sehr nützlich sein: Zum einen hilft es Erwachsenen, mögliche Erklärungen auf sachliche Kinderfragen nachzulesen, zum anderen kann es aber auch für Kinder als informatives Bilderbuch dienen, um durch die Bildbetrachtungen auf neue Fragen zu stoßen.

Lenz, Nikolaus: *Das Buch der 1000 Kinderfragen*
  Bindlach: Loewe, 2. Aufl. 1996
Wozu brauchen Menschen einen Bauchnabel? Warum kommt zuerst der Blitz und dann der Donner? Wie bremsen Schiffe auf dem Wasser, hat Luft ein Gewicht und müssen Fliegen atmen? Diese und viele weitere Fragen werden in dem Buch von Nikolaus Lenz kurz, sehr gut verständlich und praktisch beantwortet. Um sich bei der Vielfalt der häufigsten Kinderfragen zurechtzufinden, unterteilt der Autor seinen Inhalt in elf Kapitel: Der menschliche Körper, Rund um uns herum, Fliegen – Schwimmen – Fahren, Welt und Umwelt, Tiere und Pflanzen, Weltraum, Sport, Essen und Trinken, Wirklichkeit oder Fantasie, Menschen und ihre Geschichte sowie Nützliches Allgemeinwissen. Das Buch ist nicht nur ein interessantes Nachschlagewerk, sondern auch für Erwachsene ein wirklich kurzweiliger Schmöker.

O'Hare, Mick (Hrsg.): *Warum fallen schlafende Vögel nicht vom Baum? Wunderbare Alltagsrätsel*
München: Piper, 3. Aufl. 2000
Unsere Welt ist ein Ort voller kleiner und großer Geheimnisse. Warum ist der Himmel blau und warum besitzen Männer Brustwarzen, die doch zu nichts nütze sind? Warum klebt ein Superkleber nicht an der Innenseite der Klebertube fest und warum werden Bananenschalen im Kühlschrank schneller braun als außerhalb? Warum laufen Schafe immer in gerader Linie vor einem Auto her und nie zur Seite weg und wie findet ein Eichhörnchen im Boden versteckte Nüsse wieder? Kann man am Ende eines Regenbogens stehen und warum fahren die Blitze immer im Zickzack zur Erde? Vor vielen Jahren hat die Zeitschrift *New Scientist* eine »letzte Seite« eingerichtet, in der LeserInnen Fragen stellen konnten und andere LeserInnen geantwortet haben. Diese Fragen und Antworten wurden in dem Buch zusammengetragen und nach Themen geordnet: Pflanzen und Tiere, Rätsel und Illusionen, Seltsame Natur, Die Welt der Physik, Wie es in der Technik aussieht, Haushaltswissenschaft, Apparate und Erfindungen, Blasen – Flüssigkeiten – Eis und Unser Körper. Es gibt in dem Buch vieles zu lernen und noch mehr zu staunen.

Schuster-Brink, Carola: *Kinderfragen kennen kein Tabu*
Berlin: Urania-Ravensburger, 6. Aufl. 1997
Mit sehr viel Einfühlungsvermögen greift die Autorin in ihrem Buch drei immer wiederkehrende Fragen von Kindern auf, um diese dann in angemessener Ausführlichkeit zu beantworten: Woher kommen die kleinen Kinder? Wie ist das, wenn man tot ist? Wo wohnt der liebe Gott? Carola Schuster-Brink möchte mit ihrem Buch Erwachsenen helfen, sich einerseits selbst intensiver mit diesen drei Fragen

zu beschäftigen, andererseits auch Antworten zu finden, die weniger auf kurze, sachliche Aufklärung ausgerichtet sind, als vielmehr darauf, gemeinsam mit Kindern auf Antwortensuche zu gehen. Hier geht es nicht an erster Stelle um Sachlogik, sondern vielmehr um die Erkenntnis, dass Antworten auf diese Fragen ein gemeinsames Philosophieren erforderlich machen. Zum Schluss hat die Autorin ausgewählte Bilderbücher für Kinder zu den Themen Sexualität, Tod und Gott vorgestellt, damit diese als zusätzliche Helfer in der Beantwortung von Fragen genutzt werden können.

Treitmeier, Manuela: *Kommt mein Hund in den Himmel?*
Ein kleines Antwortbuch für große Kinderfragen
Freiburg: Herder 1996
Die Autorin ist Lehrerin an Grund- und Hauptschulen und möchte mit ihrem Buch Antworten auf religiöse Fragen geben. Etwa: Wie kann Gott an allen Stellen der Welt gleichzeitig sein? Wieso gibt es so viel Gewalt in der Welt und warum müssen immer unschuldige Menschen sterben? Hat jeder Mensch einen Schutzengel und haben Engel wirklich Flügel? Solche und ähnliche Fragen sind für manche Kinder und Erwachsene sehr bedeutsam, führen sie doch letztlich auf wichtige Lebensfragen in einer christlich geprägten Kultur. Das Buch möchte im Hinblick auf die zunehmende Unwissenheit in Bezug auf religiöse Themen und Fragen Antworten geben, um Eltern und Erzieherinnen zu helfen, auch in eine religiöse Auseinandersetzung zu finden.

Das Buch ist im Buchhandel vergriffen. Seiner Qualität halber lohnt es sich aber, in Büchereien oder Antiquariaten danach zu fragen.

Zoller, Eva: *Die kleinen Philosophen. Vom Umgang mit*
»schwierigen« Kinderfragen
Freiburg: Herder, 4. Aufl. 2000

Entsprechend der Überzeugung, dass Kinder selbstverständlich ernst zu nehmende Gesprächspartner für Erwachsene sind, möchte das Buch Eltern und Erzieherinnen
helfen, mit Kindern gemeinsam nach Erkenntnissen zu suchen und Fragen der Vergangenheit, Gegenwart und Zukunft zu klären. Dabei wendet sich die Autorin folgenden
Bereichen zu: Kapitel eins handelt von Kinderfragen, Sinn
und Sinnen (Warum kann ein Hund Hasen riechen und
Kinder können es nicht?), Kapitel zwei befasst sich mit Un-
terschieden und Ähnlichkeiten, Fantasie und Realität (Warum kann der Vogel Strauß nicht fliegen?), Kapitel drei
wendet sich der Metaphysik sowie Namen und Begriffen
zu (Was ist überhaupt ein Stern?), Kapitel vier konzentriert
sich auf Menschen und Tiere, das Sprechen und Denken
(Können Tiere Mädchen von Jungen unterscheiden?), Kapitel fünf geht auf die Bedeutung von Groß und Klein, Bewertungen und Begründungen ein (Warum dürfen immer
die Großen bestimmen?) und Kapitel sechs ermöglicht einen philosophischen Zugang zu religiösen Fragen (Gehören alle Engel dem lieben Gott?). In der abschließenden Zu-
sammenfassung nennt Eva Zoller noch einmal die wich-
tigsten Merkmale, die beim Philosophieren mit Kindern
und Jugendlichen berücksichtigt werden sollten.